Zulma Reyo

La Mujer Interior

Ediciones Luciérnaga

Primera edición: julio de 2011

Ediciones Luciérnaga
Peu de la Creu, 4
08001 Barcelona (España)

Fotocompuesto en Víctor Igual, S.L.
Impreso en Grafos, S.A.

ISBN: 978-84-92545-56-8
Depósito legal: B-21.919-2011

A Daskalos, que me abrió el camino.
A Kristos, que me lo recordó.
Y a todos los hombres excepcionales
que lideran nuestro mundo honrando
el Principio Femenino.

Índice

Segunda parte
ENTRENAMIENTO Y DESARROLLO

Tercera parte
EMPODERAMIENTO Y APLICACIÓN

APÉNDICE

A Rosina, mi madre

Mamita...
¿Te acuerdas cuando era una niña,
cómo me maravillaba
con los granos de arena,
las migas de pan
y los restos de hilos caídos
en la alfombra,
cosas que nadie más podía ver?
¡Lo ponía en la puntita del dedo y te lo enseñaba
sin una palabra!
¡Todo lo que descubría
y atesoraba
quería que tú lo tuvieras!

Hoy me maravillo ante
el alma del individuo,
los sentimientos de un corazón humano,
el poder de la Luz
en un segundo de Amor,
la belleza de una sonrisa
y el parpadeo de un ojo desnudo
¡magnificencia revelada

sin necesidad de palabras!
Y te bendigo por
el regalo de la vida,
por la alegría, la lealtad,
el valor y la fortaleza
que has inspirado,
por la eternidad que despliegas...
¡cada momento, cada día!

A tus pies
pongo mi amor, mi trabajo,
mi vida satisfecha,
querido corazón, reflejo del Amor-Vida compartido.

A todas las mujeres

Hay tantas cosas que me gustaría contar sobre lo que es ser una mujer, especialmente a aquellas mujeres que se sienten incomprendidas o que sienten que son demasiado diferentes como para poder cumplir con las expectativas que se tiene de ellas. Lo cierto es que nuestra educación, independientemente de la cultura a la que pertenezcamos, no tiene en cuenta las profundas diferencias existentes entre las experiencias de los hombres y las de las mujeres. Es algo que nunca se toma en consideración. Se analizan las diferencias aparentes, incluso las diferencias psicológicas, pero no se analizan las facultades energéticas y la conciencia espiritual que gobiernan a cada género durante la encarnación.

Cada mujer es un misterio; esto es algo que nosotras sabemos, sentimos y vivimos, por tanto, deberíamos dejar de pretender que no lo somos. El hombre es transparente, analizable, y en cierto modo predecible... o al menos lo es para *nosotras*. El amor que nos profesamos nos pide que nos honremos los unos a los otros y que honremos nuestras diferencias. Escribo este libro para las mujeres y para aquellos hombres que quieren entendernos, aunque no por ello nos vayamos a volver más comprensibles o más dóciles. Solo con dignidad y poder podemos adquirir la profundidad, la plenitud y la vida del misterio mismo.

Las revelaciones que se producen tras estados de angustia emocional, de fragilidad y dolor, el sentido de plenitud que se encuentra en todo desplazamiento, pérdida, locura y desesperación, la potente serenidad que sucede al abismo furibundo de la desesperanza donde parece que nada funciona y donde la realidad interior y exterior son entidades totalmente distintas..., todos estos son los ingredientes de la condición femenina. Yo pongo las palabras, pero el espíritu y la apasionada intensidad es algo nuestro, tuyo y mío, es nuestra canción de vida.

Deseo de todo corazón que las notas de esta canción suavicen la aspereza de la vida para que pueda brotar ese brillo floreciente que, como la esperanza, es el Principio Femenino que habla a través de ti y de mí.

Cómo surgió este libro

A diferencia de mis libros anteriores, este me llevó más tiempo, casi cuatro años entre escribirlo y publicarlo en su primera versión, y luego diez años más hasta llegar a su forma actual. Ha sido una historia de amor especial durante la cual me he sentido totalmente embargada por una expectación agridulce con la que no me atrevía a tratar directamente. Permanecía oculta todo el tiempo mientras yo la cortejaba a ella y ella a mí. Quería, pero no quería. Me daba miedo no estar a la altura de su belleza y poder, no estar a la altura de mí misma.

Llevada por un sentido del deber e incluso de obligación, iba trabajando en él a temporadas, sintiendo la necesidad de hablar a las mujeres de una manera que nos resultara fácilmente comprensible, con ese tono de intimidad que es tan nuestro, sin importar si era lógico o claro, demasiado emocional o idealizado. Nosotras nos entendemos.

El tiempo iba pasando y siempre encontraba millones de cosas que hacer antes que acabar este libro. Cuando finalmente reuní el valor suficiente para hacerlo, en Chipre a finales del invierno de 1994, lo que apareció fue otro libro: un estudio sobre la construcción, desarrollo y posterior transformación de las formas de pensamiento que acompañan los típicos males que acucian a hombres y mujeres. En aquel entonces no vi conexión alguna entre ese libro de razonamiento cohesivo y aquel otro, hermoso, poético e inspirador, que iba naciendo en mí.

Así que me puse el sombrero intuitivo y pedí ayuda «arriba». ¡Madre! ¿Quién era Ella? ¿Qué era Ella, ese Principio Femenino que lo permea todo? Desde los rincones más oscuros y profundos de mi interior llamé a MA, el Principio Universal Femenino, con todas mis fuerzas. La primera impresión que recibí fue la de la bella y radiante mujer de la que ya escribí cuando tenía nueve años y que me acompañó en mi soledad. En mi experiencia interior ella era una Dama Dorada de Luz Cristalina, distante, pero siempre presente desde hacía ya largo tiempo. Le pedí que me guiara en ese momento, que me inspirara, que abriera y me mostrara el camino.

Al principio solo hubo silencio, un silencio cargado de significados que no podía descifrar. Con mucho esfuerzo y no sin presentar batalla, fui aprendiendo a adoptar la postura de receptividad y entrega necesaria. Cuando cesó mi agresiva exigencia de claridad y detalle, en lugar de seriedad ascética lo que comencé a oír fue la voz serena y suave del Amor de la Madre dentro de mí. Su actitud me mantuvo en un campo de ternura y dulce apremio que parecía decir: «Estoy contigo. Te ayudaré. Hazlo».

¿Hacer qué? Su postura era tan distinta de la mía. Era extremadamente difícil decodificar, comprender o transmitir la enorme paciencia y suavidad que emanaban de ella para que resultara algo útil en el mundo actual.

Entonces apareció otra imagen, una imagen intensa, de gran poder y envergadura, una Cibeles. Y comprendí. Había que vivir la vida en lo más profundo y lo más excelso, en su oscuridad y en su luz, y la Madre Sublime de todo incluía las dos cosas. Recordé el conmovedor relato de mi maestro Daskalos sobre el ángel Shamuel, cuya inmensa radiación de Amor se manifestaba en las dimensiones del mal con el objeto de atraer espíritus oscuros. Una vez seducidos estos espíritus se fundían con él pudiendo así volver a emerger como los seres llenos de luz que originalmente eran.

Me acordé de María Magdalena en «Pistis Sofia», la saga femenina..., la Magdalena que, como Sabiduría, al descender a los planos más bajos de la creación es incapaz de recuperar el lugar que le corresponde por derecho en los mundos de Luz durante siglos. Hay tantos ejemplos de desolación femenina, de abandono, posesión, miseria, desesperación, esperanza... y la llamada, una y otra vez, siempre buscando, para finalmente regresar a ese lugar vacío del que nunca había salido y descubrir que el viaje en el tiempo era una promesa cumplida: la transmutación del cuerpo de la humanidad.

Cada pensamiento posterior arrojó más luz sobre la mujer y sus numerosas caras, sus cicatrices y su legado. Como es arriba es abajo: oscuridad y luz, osadía y sensibilidad, Eva y Lilith. Ambas, como la Madre, tendiendo un puente sobre el infinito y dando nacimiento en el tiempo a las formas del Creador, se unieron en una llamada directa a las mujeres de todo el mundo diciendo: sé real, sé sensible, atrévete a usar el poder del Amor y actúa de manera dinámica desde la experiencia sustentada de ti misma.

El libro cobró vida gracias a la continua corriente de energía de Luz que, como la Madre, irradiaban los dos aspectos, y que a través de mí han adquirido diferentes formas y estilos: poemas, cartas, meditaciones y ejercicios. Dada la educación cristiana de mi infancia, el semblante de la Madre tenía el aroma de la Madre María y de la imponente presencia de María Magdalena (ver Apéndice). Conseguí completar la tarea de mi corazón al hacer un uso combinado de mi experiencia en la observación y la enseñanza de la administración de las energías vitales humanas (circuitos, polaridades y cualidades que afectan la percepción, vitalidad y conducta) y la experiencia íntima del ser.

El amor en nuestro interior

He dejado a un lado las preocupaciones literarias y filosóficas, y me he dirigido a las mujeres como a una parte de mí misma que se extiende hasta los mundos de posibilidad. He sentido gran deleite mientras las palabras fluían a través de mí, al igual que Dios, como la Gran Madre, fluye, habla y toca a través de mi forma: hablando de mujer a mujer. Tenemos una manera especial de comunicarnos que no se puede describir. Está llena de silencios, gestos, miradas, expresiones, suaves movimientos del alma y de los sentimientos: abismos internos de poder emergente y continuas oleadas de anhelos. Sabemos que sabemos. También sabemos que no sabemos lo que sabemos. Ésa es nuestra complicidad, algo que a los hombres les resulta un gran misterio. No pueden entendernos.

Como mujeres el amor es nuestro maestro y nuestro camino, y las formas del amor tan infinitas como los frutos de la creación. El amor empieza con otra persona, pero siempre acaba muy dentro de nosotras como la unidad suprema que contiene todo. Es nuestra naturaleza. La confusión, el sufrimiento, las intensidades del amor en el mundo nos enseñan a sentir y a discriminar. Descubrimos las leyes de ser, de existir y crear un mundo femenino, profundo, creativo, nutritivo y misterioso. Puede que veamos energías, ya que somos energía que condiciona y que es condicionada.

La expresión de la personalidad se corresponde con nuestra postura en la vida, con quién creemos ser y no con quién sentimos ser. Somos extremadamente vulnerables a las definiciones de los otros, a sus necesidades y expectativas, incluso aunque todo esto permanezca oculto, y adoptamos un innumerable número de disfraces que no nos pertenecen. Poner la personalidad bajo el dominio de la inteligencia es el camino que se recorre al aprender a amar. Parece que lo aprendemos a base de perdernos una y otra vez, de ser y hacer para el otro lo que normalmente no seríamos o haríamos para nosotras mismas. Amar, cuidar, comprender, ocuparse y compadecerse de los demás nos lleva naturalmente más allá de nuestros propios límites. Sin embargo, hace falta otro ser humano para que esto resulte visible y tangible.

Nuestras maneras de expresarnos en el mundo a través de las relaciones son inequívocamente femeninas. La percepción que tenemos de la realidad se basa en un mecanismo de fusión y manipulación emocional.

No todas las mujeres se expresan de la misma forma y no todas dan energía a los mismos aspectos inferiores de la psique femenina. Nuestra actividad primordial es la de fundirnos, completarnos y, finalmente, desaparecer. Yo misma he desarrollado un talento extraordinario para crear las condiciones y luego perderme en ellas, diciendo que no puedo, cuando, de hecho, la fuerza que alimenta esa impotencia es mía. También tenemos una tendencia a entusiasmarnos con facilidad y a desanimarnos con demasiada rapidez, pudiendo inspirar, pero también hundir, cualquier entorno.

Las capacidades intelectuales a menudo se ven ensombrecidas por el sentimiento y el sentimentalismo poético. A veces el esfuerzo intelectual realizado para ajustarnos a la mente masculina coarta nuestra propia naturaleza. La lengua que hablo está llena de matices de sensación y sensualidad. Ser conscientes de nuestra refinada sensibilidad sirve como punto magnético de atracción. Durante muchos, muchos años, me veía a mi misma como el centro de mi mundo y sentía que los demás eran responsables de todo lo que me ocurría; sentía que el exterior me desafiaba constantemente.

Los hombres: les guardamos rencor, peleamos con ellos... y también los amamos, los necesitamos para que nos ayuden a definirnos a nosotras y al mundo que compartimos. Gracias a ellos, a ser quien y lo que son, nosotras disponemos de un marco que nos permite reconocer lo que «Yo soy». Los hombres gobiernan nuestro mundo, destacan en nobleza y juventud, y también poseen un sentido del humor del que necesitamos aprender: esa ligereza de corazón en el manejo de pensamientos y conceptos que, cuando se distinguen de las emociones, es tan astutamente suya.

Para una mujer ser «como» un hombre, o para un

hombre ser «como» una mujer, incluso a una edad temprana, no tiene nada que ver con la fuerza interna que nos imponen nuestras células a un nivel muy sutil. Cada mujer sabe del vacío abismal que llevamos dentro.

El amor, al igual que la Vida, es como una mujer. La mujer mezcla el ser y el transformarse de forma consistentemente ilógica y a menudo incómodamente seductora, espejándonos tanto en nuestros estados más profundos como más exaltados. El amor es el motor de la vida y la creación. Me ha enseñado que «yo» soy, de hecho, la matriz que «Yo Soy», el espacio desde donde me transformo, y la Conciencia que habita esa forma emergente.

En realidad «yo» soy algo sentido pero indefinible, diferente, sí, definitivamente diferente de los hombres, con una diferencia que es esencial y funcional. Esta diferencia hizo que en ciertos momentos me desesperara, ya que ellos no me podían entender, pero yo tampoco podía entenderlos a ellos, a menos que hubiera amor. Y entonces las explicaciones se tornan irrelevantes: el Amor es lo que *somos*.

En esta época Dios o la Realidad Absoluta es, efectivamente, un principio masculino; el femenino está implícito. En el mundo de la manifestación estos dos principios se consideran diametralmente opuestos y coexisten junto con un tercer factor, el espíritu, entendido este como la trascendencia de ambos. La diferencia entre la idea generalizada y la comprensión de este libro es sutil pero significativa. Cuando aquí hablamos del «Padre» lo hacemos en el sentido de la divina actividad de siembra que perpetúa la vida. Cuando se usa el término de «Dios», este implica la unidad neutral que va más allá de toda concepción.

Al igual que en las primeras sociedades conocidas, en este libro se considera a la divinidad como la Madre Universal que contiene en su interior los dos principios, el masculino y el femenino. Todo en la manifestación parece girar en torno a esta expresión dual que, más que sugerir personas o roles reales, lo que hace es ilustrar dos atributos iguales aunque esencialmente diferentes y necesarios: masculino y femenino. En este marco, la espiritualidad y la elevación de la raza humana como un todo son el resultado del retorno de las mujeres a su naturaleza más íntima, en otras palabras, a la Madre. Al regresar a Ella se despierta también la naturaleza más profunda de los hombres. La creencia de la autora es que ésta responsabilidad es única de la mujer. Independientemente de sus tendencias o estilo, ésta es la tarea particular que le corresponde en virtud de la cualidad y habilidad de su género.

En este libro, las preguntas de la mujer atraviesan el caos de su todavía incomprendida naturaleza interior. La guía de la Madre Universal emerge a través de la voz conjunta de dos arquetipos fundamentales del Principio Femenino: la Madre María y la Magdalena, aunque podrían perfectamente haber sido Isis, Durga, Hécate o Bona Dea. Su voz es el Principio Femenino detrás de la Vida.

El uso de mayúsculas o minúsculas indica las siguientes distinciones de significado:

Amor: *la vibración de vida universal que impregna todo; la expresión de la Conciencia que desencadena el movimiento.*
amor: *la expresión humana del Amor según el filtro e interpretación de la persona.*

Ser / Estado de Ser: *el estado esencial de singularidad espiritual.*
ser: *la acción de encarnar una cualidad.*

Conciencia: *el estado de conciencia sublime e inteligencia de Ser como un todo.*
conciencia: *la conciencia aplicada e inteligente de las expresiones de la Conciencia como, por ejemplo, la conciencia humana, conciencia de la materia, etc.*

Primera parte

DIÁLOGOS CON LA MADRE

La Llamada

¡MADRE!

¿Dónde estás?

¡Ayúdame a entenderme!

¿De qué trata todo este mundo? Me dicen que tengo que ser *de esta forma o de esta otra. Me dicen* cómo *hacer esto y aquello. Incluso me dicen* qué *soy* o qué *necesito ser. Creo que soy de una manera y luego me doy cuenta de que soy de otra.*

¡Madre, abrázame, envuélveme, moldéame de nuevo... lléname con tu dulzura, tu paciencia y tu Luz! Enséñame tu cara para que pueda conocerte y, al hacerlo, pueda encontrar mi reflejo.

¿Por qué el amor es tan distintas cosas? ¿Qué es esta intensidad que mana en mi interior, esta mezcla de deseos, atracciones y miedos? ¿Y el sexo? ¿Qué son estas emociones que parecen devorarme? ¿Por qué es todo tan complicado?

Muchas veces no puedo distinguirme del otro. ¿Cómo puedo saber qué es lo que verdaderamente soy y qué lo que no soy? ¿Cómo puedo expresar y luego comunicar qué soy?

¿Qué es lo que me hace distinta de un hombre? ¿Cómo siente, piensa y vive la vida? ¿Cómo puedo en-

tenderlo como él se entiende? ¿Cómo puede llegar él a entenderme a mí, cómo soy y siento? ¿Cómo puede comprender estas fuerzas que producen y manifiestan, absorben e irradian, que van infinitamente hacia dentro e infinitamente hacia fuera?

La Respuesta

¡HIJA!

Pequeña mía llena de pureza e inocencia,
hija de la noche y de la luz de las estrellas,
mi apasionada niña de lágrimas y alegría,
¡siempre he estado aquí!
Siempre te he querido y te he acompañado.
Pero mis palabras son suavidad y mi cuerpo es tu cuerpo.
¡Tus sentimientos son mis acciones
y tu sangre es mi vida!
He estado esperando tu llamada.

En mí nacen y crecen mundos.
Soy esto y soy aquello... en un continuo ahora.
No tengo límites y soy todos los límites.
Sé todo y no sé nada.
Soy todos los sentimientos.
Soy las profundidades de la virginidad
que envuelve las semillas en el tiempo.
Entre mis pechos acojo al hombre
y lo alimento con mi propia vida
para que me pueda conocer y, al conocerme,
me honre en su mundo.

Mi Amor,
para conocerme
tuviste que abandonar quien creías ser
y venir a buscarme.
Tuviste que crear espacio en el espacio,
pues soy el cuerpo del Estado de Ser absoluto e infinito,
el latido de Amor y Vida eternos,
la posibilidad de Vida aún no nacida
dentro de la oscuridad que contiene la Luz.
Soy una: tu abrazo unificado alrededor de la Tierra,
hija del futuro esplendor de toda Vida.

Soy Esperanza.

Carta 1: ¿Quién soy?

Mi Amor:

Te sorprenderá que en estas cartas no me preocupe por tu identidad personal o por situaciones *específicas* en el mundo físico, preciosa hija mía. Si a veces parece que hago caso omiso de los problemas que tienes con tus amigos o amantes, con las relaciones, con tu profesión, o con todos esos temas psicológicos que parecen tan importantes, (y que son importantes para *ti)*, es porque ya tienes demasiadas respuestas. Hay cientos y cientos de libros que te pueden ayudar a comprender la secuencia de acontecimientos que causan las típicas frustraciones en la vida. Para cada efecto hay una causa, y ¡estas son infinitas!

Sin embargo, son escasas las fuentes que te darán lo que yo te puedo dar. Muy pocas te llevarán a lo que tú eres y te harán despertar ante ti misma como una mujer real, algo que ya eres en los niveles internos. Solo esto te va a permitir vincular lo que sientes con sus posibles expresiones, lo que sabes con lo que es probable.

Quiero que seas tú misma, por tanto, lo que te ofrezco son esbozos con los que puedes elaborar tu imagen y reflejo para que se adapte a la situación. Al fundirte conmigo vas a encontrar alimento. Las soluciones se presentan como resultado de Ser, pues acompañan a tu plenitud, y esto es algo que *ocurre*, no algo que se hace. Aprende a leer las señales.

Estas cartas tratan de *lo que* tú eres, pues hay ya demasiada gente que te dice *quién* eres y quién deberías ser.

Carta 2: ¿Qué soy?

Hija de la Luz:

Es importante que explores la vida como solo tú puedes hacer: a través de tu femineidad. Ser mujer es un estado muy especial de ser y saber. El Principio Femenino es lo que se encuentra detrás de toda apariencia como la unidad de la vida. Llegarás a la inteligencia intuitiva del corazón a través de la comprensión que sientes instintivamente.

Se puede definir al eterno femenino como esa fuerza que contiene en sí misma y de la cual surgen los ciclos de la creación, para expresar mediante el movimiento lo que existe como ser latente. La mujer es la envolvente capacidad de Dios en nuestras mentes, cuerpos y psiques.

A nosotras pertenece la oquedad que reside dentro de toda forma. El caldero o la olla, eternos símbolos de la mujer, transmiten esa función nuestra de contenerlo todo. Nuestras mentes operan bajo el principio de la comprensión sin palabras, y esto es algo que nuestras personalidades expresan como amor emocional. La sustancia de nuestros cuerpos proporciona las texturas para la creación en infinidad de niveles. Toda expresión nuestra es, de hecho, un nacimiento en todos nuestros mundos o dimensiones.

Nuestro vacío en la materia, como un útero, nos permite absorber y gestar. La sustancia de la creación surge de la mente de lo femenino. En ti se origina, tanto física como emocionalmente, el fecundo poder de la Madre, la fuente sagrada y sustancia primordial de la creación. Eres la guardiana de este sagrado poder espiritual.

Mucho depende de que vuelvas a estar completa y aúnes la expresión externa con el espíritu de la Madre; mucho depende también del lugar en que te posiciones, que en esencia, debería ser siempre el vacío. El truco es aprender a hacer esto mientras sigues siendo parte del mundo, asumiendo tus responsabilidades y disfrutando del juego de las apariencias, sensaciones y de la eterna trama de las experiencias.

Todos sueñan con un mundo mejor, un mundo en paz, pero pocos saben lo que esto significa. Imagina la turbulencia y tensión de la guerra, y ahora imagínate que envuelves todo eso en un manto de Luz. Trata de concebir lo que es conservar ese estado, *sustentarlo.* Ésa es la paz: la intensidad que mantiene el mundo unido, la coexistencia de opuestos. Todavía no es trascendencia sino justo el estado previo a ella; es el Principio Femenino en funcionamiento, y solo puede ocurrir cuando el sujeto no se identifica con la forma en absoluto. Ésta es la tarea de nuestra vida.

Carta 3: ¿Existe el sentimiento puro?

Amada Creadora de Armonía:

Los sentimientos son el resultado de nuestra experiencia al sentir otra parte de la vida. Las partes dentro de esta relación pueden percibirse como armoniosas o discordantes. Eres ambas cosas: testigo y dadora de energía. Tu naturaleza sentimental predomina sobre la abstracción de tu mente absorbente. Cuando te sientes agitada, ya sea por miedo, incomodidad o inquietud, tenderás o bien a echarle más leña al fuego o a dejarte arrastrar por la situación. En ambos casos crees que estás «sintiendo» y pierdes de vista lo que estás presenciando. El sentimiento verdadero es *presenciar* sin hacer interpretaciones o sin implicarse.

La humanidad ha olvidado cómo relacionarse de corazón a corazón. Las relaciones son algo que se manipula, remodela, administra y negocia. Las personas funcionan casi exclusivamente a través del Principio Masculino, es decir, a través de la eficiencia y el manejo de la forma, algo que esclaviza a ambos géneros en el mundo de las apariencias. No es que la perspectiva masculina esté mal; lo incorrecto es que una perspectiva excluya a la otra. La forma predomina sobre la calidad y como resultado de ello, los hombres sufren al ser incapaces de ser ellos mismos y usar la justa medida de flexibilidad y suavidad. Por su parte, las mujeres raramente pueden emplear la cantidad adecuada de atracción y contención en el liderazgo.

No sirve de nada gritar, llorar, poner mala cara o reprimirse, ni tampoco sirve de nada la culpa, la autocompasión, rabia, tristeza o el derrotismo. Estos supuestos sentimientos se convierten en fijaciones que solo se pueden deshacer cambiando radicalmente, y no me refiero a cambiar usando la lógica o la razón.

Los hombres tienden a decidir mediante la razón en lugar de razonar mediante el sentimiento. Al mostrarse reticentes a sentir la realidad emocionalmente, ponen el carro delante del caballo y construyen el contenido, es decir, los sentimientos, para que encajen con las formas o sistemas que construyen mentalmente. Pero esto no es sentimiento sino *interpretación.* Las mujeres se vuelven locas con esto y vuelven a los hombres aún más locos cuando usan ese mismo proceso de forma caótica, como es *su* naturaleza.

¿Qué ha pasado con la experiencia humana verdaderamente espontánea, una espontaneidad hecha para condimentar, acompañar y apoyar el discernimiento de un sentir inteligente? Vivimos en un universo de perspectivas cambiantes y movimiento continuo. La posibilidad que tienes de apresar los sentimientos es la misma que la de impedir que tengan lugar. La única cosa que puedes controlar es tu reacción ante ellos, y para que esto sea posible primero tienes que ser consciente de qué son los sentimientos como experiencia pura, sin etiquetas.

Cuando te despiertas a como es la realidad, gracias a la combinación y el uso correcto de la razón y el sentimiento, entonces puedes encarnar como mujer el

Principio Femenino que contiene la semilla del masculino en su interior, y los hombres pueden expresar el Principio Masculino envolviendo las cualidades femeninas en torno a su centro de poder.

Carta 4:
¿Por qué sentir es a menudo tan doloroso?

Mi Sensible Corazón:

Estamos hablando de emociones, de los infinitos niveles y movimientos del Amor. Dependiendo de cómo las manejemos, las emociones pueden ser a la vez un tesoro y una maldición.

Tu conexión con las resonancias más sutiles del sentimiento se produce a través de las emociones. Esta sensibilidad se expresa de varias maneras: como una sensación en el cuerpo físico, como un sentimiento en el cuerpo emocional y como la conciencia del conocimiento en el reino mental. Negar o rechazar tu sensibilidad conlleva una desconexión que, a su vez, conduce a un caos y presión cada vez mayores en el que las fuerzas que se supone debemos manejar bullen de forma incontrolada.

No hay ninguna mujer en el mundo que no responda de manera instintiva al grito de vulnerabilidad de un ser vivo. Y, sin embargo, son muchas las mujeres que se han visto obligadas a desarrollar insensibilidad y que responden más a conceptos que a la experiencia directa de la vida. En cualquier rincón del planeta hay niños llorando, negros, blancos, amarillos, rojos o marrones, niños que piden tu abrazo de forma muy física y tangible, y esto significa tocar, coger, acariciar y sentir con ellos, en la carne.

La naturaleza ha hecho las cosas de tal manera que permaneces unida a tus hijos etéricamente[1] a lo largo de toda su vida. Los cuerpos y personalidades de tus hijos están hechos de tu sustancia, y estás sintonizada con ellos igual que lo estás contigo misma. Dios ha hecho también las cosas de tal forma que, como facultades e imagen de Su expresión, estás conectada espiritualmente con *toda* la humanidad. Como madres espirituales sois su sabiduría, un estado de saber como Conciencia con «C» mayúscula.

No es de extrañar que ya no puedas seguir ignorando la situación del mundo manteniéndote en agradables jardines de auto-indulgencia. Mira a un niño a los ojos: ¿de verdad puedes creer que este niño es mejor o peor que otro? ¿Puedes cerrar la puerta a lo que sientes? El dolor trae consigo despertar, sanación y perdón. Es tu presencia ataviada con la psique femenina lo que va a cambiar el pasado para que ingreses en el futuro siendo la viva imagen del afecto en los corazones de tus hijos. Ha llegado la hora de la maternidad real. ¿Dónde más puede expresarse Ella si no es en ti y en tu mundo, en tus pensamientos, sentimientos y acciones, en tu casa y en tus sueños?

En lugar de lamerte las heridas en un intento egocéntrico de atraer a los demás hacia ti, deja que se revele esa mujer esencial que comprende porque ama y que ama porque vibra en resonancia con su ser. Ésta es la

1. El «éter» no debería ser confundido con la luz psíquica o astral. Es un tipo de sustancia inteligente pre-material entre el estado de Conciencia y el de la materia que constituye el molde de la forma física.

hermandad de las mujeres que engendra integridad y humildad, que abre la puerta a la excelencia de la realización, de la buena voluntad, de la paciencia y el discernimiento. La Madre ansía acoger a sus hijos en los cálidos pliegues de tu regazo sensible, y allí, en el calor del amor, es donde curará e inspirará al mundo.

Sentir no es algo doloroso. ¡Date cuenta de qué es lo que de verdad duele mientras permites que tu corazón se expanda!

Carta 5: ¿Se puede malgastar el amor?

Mi Tierno Amor:

Básicamente el Amor es un estado de Conciencia que emite una cierta sustancia, por tanto es dos cosas a la vez: Inteligencia y forma. El estado de «Ser Amor» es bastante distinto del acto o del pensamiento de amar; es un estado que afecta a las energías del ser humano y que, de hecho, produce una sustancia sutil que regenera, cura y hace otras muchas cosas en distintos niveles, afectando incluso a la mente, a las personas y a las cosas que te rodean. Hasta que seas fuerte y hayas sido probada en los usos del mundo, la actividad de esta sustancia y la fuerza que emite se experimentan como emociones que crean armonía o confusión.

Los sentimientos no son cosas sino movimientos que percibimos, que podemos usar y con los que podemos expresarnos como mejor nos parezca, y que decodificamos o interpretamos de distintas formas. Por supuesto, es posible hacer un mal uso de la energía que se genera en nuestro interior, por tanto, aprender a manejar esta fuerza emocional de forma constructiva es la ciencia más elevada del género femenino.

El peor uso de la fuerza emocional proviene de los excesos auto-indulgentes, es decir, de una motivación y expectación equivocadas. En estas ocasiones tratamos las emociones como si fueran moneda de cambio y comerciamos con ellas indiscriminadamente.

Obsérvate y recuerda las veces en que te sentiste agotada después de un gran torbellino emocional. Acuérdate de la sensación en la boca del estómago, de los temblores, de esa sensación que corroe por dentro y que acompaña al agotamiento; acuérdate de la frustración y la sensación de falta de protección o de peligro que queda al final. Todo ello es un claro indicativo de que has traspasado los límites normales, una señal inequívoca de que no has sabido cuándo parar, y entonces lo que haces es cuestionar el valor de tus sentimientos, de tu amor.

Si sientes que los otros son ingratos es porque esperabas que apreciaran tus esfuerzos. Si no te sientes comprendida es porque esperabas comprensión. Si parece que a nadie le importa nada, es porque a ti no te importa lo suficiente como para permanecer entera en ti misma y mirar al otro para que te refleje tu totalidad. Como suele ocurrir en la mayoría de relaciones emocionales impulsivas y automáticas, se trataba de una transacción comercial.

La tremenda sensibilidad que nos proporciona nuestra naturaleza viene acompañada también de la *capacidad para sentir todo lo que no es amor.* Solo siendo estables y armoniosas física y psicológicamente, y estando llenas del sentimiento del Ser, podremos contrarrestar la percepción de ese mundo lleno de negatividad que nos rodea y podremos marcar una diferencia. Esto es particularmente cierto porque sentimos a través de las sensaciones de nuestros propios cuerpos.

Entiende cuáles son tus motivaciones. Tendemos a dejar las puertas de nuestra casa, es decir, de nuestro cuerpo, abiertas de par en par a los intrusos todo el tiempo. En lugar de irradiar, absorbemos la energía que nos rodea. Ésta es la indolencia característica de la mujer. Bien sea por la inversión realizada o por el melodrama creado, el resultado de sentir indiscriminadamente es acabar sintiéndote exhausta. Aquí es donde toma el control la influencia negativa de las fuerzas subconscientes que rodean nuestras zonas más profundas, y nos vemos forzadas a aprender autodefensa psíquica de manera urgente.

Resulta poco inteligente estar siempre abierta, confiada y amorosa, pues no hay forma de escapar de la angustia que acompaña al uso promiscuo e imprudente de nuestras energías. Al intentar vender un producto defectuoso abonas el terreno para el miedo, el rechazo y para sentir que no vales nada. No hay nada atractivo en un agujero enorme. ¿Quién, en su sano juicio, va a amar a alguien que no se quiere, alguien agobiante y vacío? Nuestra propia indeterminación y un amar aletargado, sin ninguna presencia real, son una invitación abierta a la negatividad. Por otro lado, cuando estamos llenas de la presencia del Ser no buscamos personas ni situaciones explosivas o parásitos absorbentes que nos chupen la energía, ya que nos guían los sentimientos de nuestros propios cuerpos.

Aprende a distinguir la fuerza espiritual del Amor, que usa tu personalidad, de la respuesta emocional que acompaña tus relaciones egoístas en el mundo. Estas últimas usan y abusan de tu vitalidad física, mientras que la primera las incrementa. Puede que creas que eres *abierta* y *generosa*, pero ¿tienes la suficiente energía como para respaldar tu intento? La mayoría de las veces quieres algo y, automáticamente, cobras a los demás en especie. En el peor de los casos atraes lo que más temes o rechazas.

Hay que cualificar y ofrecer amor mediante actos que se adapten a las circunstancias en la medida y forma adecuadas. Mucha gente solo puede aceptar en muy pequeñas cantidades, y esto es algo que hay que admitir con todo respeto. El amor es la pertinencia pura. Si traspasas las barreras naturales que pone la gente pagas por ello con la energía de la decepción y el agotamiento.

Puedes que te contengas a la hora de expresar el amor físicamente, pero nunca deberías hacerlo con la conciencia del sentimiento que tienes dentro. Aprende a modificar tus expresiones para que se ajusten a la capacidad que tiene la otra persona pero sin disminuir el sentimiento interno, la emisión invisible de ese amor que es una fuente de curación. En lugar de buscar reconocimiento, simplemente disfruta de sentir por el mero hecho de sentir.

Tu poder para atraer lo que necesitas en el mundo aumenta según la capacidad que tengas de amar de manera no egoísta. Esto supone que debes adquirir poder de sustentación y que debes ser capaz de acumular los recursos del amor como harías con el dinero en un banco: si lo gastas según lo recibes nunca vas a tener mucho y nunca vas a poder permitirte cosas mayores y mejores; pero cuando sabes que ya tienes y confías en tu poder de sustentación, entonces conocerás el sentimiento de la abundancia en todos sus niveles.

Nunca te arrepientas o te avergüences de amar o de derramar una lágrima. El amor real nunca se malgasta, nunca se pierde o consume, porque siempre hay de sobra. El amor no viene *de ti;* en tanto que sustancia viene *a través de* ti; necesita de tu aceptación consciente y de tu emisión generosa para poder convertirse en una fuerza inspiradora y constructiva para el bien en el mundo.

Carta 6: ¿Cómo puedo distinguir entre la realidad y mis deseos, recuerdos y expectativas?

Mi Querida:

Esto es algo fundamental. Cada mujer debe ser una sagaz observadora del mundo. Una vez que determinas hacerlo verás que son muy pocas las cosas que se te van a escapar. Debes desarrollar tu percepción, ya de por sí intuitiva, entrenándola en observación, discriminación y paciencia.

Has de comprender que tienes dos grandes centros generadores de fuerza, ambos internos. Uno es una frecuencia energética que atrae y fecunda sustancia directamente, en otras palabras, un poder generador para la creación de todo tipo de cosas. El otro es una emisión que es capaz de despertar niveles de conciencia. El primer poder se relaciona con tu cuerpo y afecta tanto a la materia como a las formas emocionales y mentales, pues todas se alimentan de esta emisión natural tuya como guardiana del fluido etérico[1] que produce sustancia.

1. Fluido etérico: una fuerza sutil que tiene la cualidad, es decir, la textura, de una sustancia entre el estado líquido y gaseoso. Invisible a la percepción ordinaria, es parecida a la noción del siglo XIX del «ectoplasma» y puede ser sentida de forma tangible con el entrenamiento adecuado.

El segundo centro generador tiene que ver con la forma en que te expresas. Es una frecuencia de inteligencia no lineal capaz de inspirar y de elevar los niveles de conciencia. Los hombres dependen de esta fuerza de la mujer para poder cumplir con su papel natural de evocar, sustentar e implementar la Conciencia en el mundo con efectividad. La polaridad femenina sagrada atrae las energías para su expresión, las contiene y también las genera a partir de los reinos internos.

La mujer es responsable de las emanaciones que se proyectan en el corazón y que pueden originar tanto iluminación como su opuesto. Por esta razón tienes que aprender a discernir entre esencia y apariencia, y protegerte de las formas egoístas o negativas que dan poder.

Date cuenta de cómo alimentas tus deseos y proyecciones. Tu voluntad, como poder subconsciente que se activa indirectamente, fue la fuerza de la que abusaron las brujas negras en el pasado. Puedes sustentar las intensidades del deseo tan bien, que eres capaz de hacer que las personas y situaciones encarnen tu proyección. Con poca conciencia, esto es lo que haces con los hombres, con tus hijos, con situaciones en tu mundo inmediato que se ve impregnado con tus creencias y teñido por tus preferencias y aversiones.

Por tanto, para ti resulta fundamental observar tus sentimientos y deseos con profundidad, y para ello has de establecer un distanciamiento pero que no debe estar exento de sensibilidad. Antes al contrario, tu naturaleza emocional debería estar encauzada por tu inteligencia, la variedad no lineal que surge del corazón.

Los deseos, recuerdos y expectativas son pensamientos que han sido vitalizados con fuerza emocional. Para reducirlos necesitas trabajar en dos frentes: el de la mente y el de las emociones. Resistir tus impulsos no quiere decir que debas negar esos impulsos, sino que debes mantener un estado vigilante y sensible.

Recuerda que atraes todo aquello que vibra[2] en tu misma frecuencia, tanto a nivel de la emoción como de la conciencia. Aunque venga a través de la misma facultad de sentimiento, la conciencia espiritual es muy distinta de la emoción. Para poder percibir en conciencia tienes que ir más allá de tus propias preferencias y antipatías, de tus actitudes sobre lo que está bien y mal en la vida.

Entonces sabrás lo que es real, la experiencia directa más allá de la polaridad. Tu posicionamiento en la plenitud del tiempo lo revelará todo y ya no habrá confusión.

2. Vibración: resonancia experimentada en el cuerpo y el espacio que lo rodea como una pulsación que responde a la composición del cuerpo-mente-emoción de un individuo. Es similar a la percepción del sonido de un diapasón, que fluye en una delicada extensión de ondas cada vez más finas.

Carta 7: ¿Cómo puedo manejar correctamente mi habilidad para atraer personas y condiciones?

Mi Portadora de Luz:

Estás hecha de tal forma que atraes hacia ti personas y condiciones, algo que no siempre resulta evidente. Puede que intentes cubrirte o volverte invisible, como ocurrió con las mujeres en el pasado, pero estás hecha así y no hay nada que puedas hacer para cambiarlo. Como verás más adelante, esto conlleva una gran responsabilidad, pues seas o no consciente de ello, tu sola presencia va a cambiar la configuración energética del mundo que te rodea, y esto no es algo que se comprenda o acepte con facilidad. Tu polaridad evidente es magnética, sin embargo tienes dos funciones distintas en dos niveles diferentes: atraes para dar. Externamente eres magnética y atrayente, pero internamente eres eléctrica y dadora. De lo primero siempre eres consciente, pero no así de lo segundo.

Como vacío y contenedora de todo lo que es, no es tu naturaleza interna decir *no.* Como centro magnético de fuerza irradiadora, no es tu naturaleza externa decir *sí.* De hecho, no hay nada en ti que se pueda definir. Debes comprender estas dos reacciones y traspasarlas. Aprende a decir *sí* y a decir *no* con fuerza y convicción. Solo llegarás a distinguir lo real de las imitaciones y las pretensiones, tanto en ti como en otros, cuando te hayas curtido a fuerza de probar y de equivocarte.

A diferencia de tu hermano, que se centra en una sola cosa, para ti es fácil distraerte, razón por la cual debes aprender a llevar a término tus decisiones y así equilibrar tu flexibilidad natural, lo cual no quiere decir que debas volverte rígida. Al vivir como vivimos, en un torbellino interno de acontecimientos, desistimos con demasiada facilidad de cosas que los hombres consideran importantes.

Los hombres, con su capacidad para utilizar sustancia mental,[1] se ven limitados por su insistencia sobre la forma. A menos que un hombre haya conocido y abrazado en sí mismo el vacío que es la mujer, sus construcciones serán superficiales, prácticas, como mucho elegantes y estéticas, pero no inspiradoras. Por otro lado, cuando está enamorado, sus creaciones son sublimes porque se sumerge en el Principio Femenino y trasciende el género.

A las mujeres, con su insistencia sobre el contenido, les resulta difícil luchar por un objetivo si este supone ignorar todas esas «pequeñas» cosas que tanta importancia tienen para ellas; pero cuando están enamoradas abrazan el Principio *Masculino.* Cuando la mujer se vuelve protectora, puede centrarse en el objetivo tanto como cualquier hombre y, al mismo tiempo, elevar todo y a todos los que la rodean. Se vuelve inspiradora y clara, didáctica y práctica, porque trasciende la limitación de género.

No permitas que te venza el derrotismo o la amar-

1. Sustancia mental: la frecuencia o vibración que resuena a nivel del pensamiento condicionado por la afinidad emocional, y que determina su forma y cualidad.

gura: eres la antorcha del futuro. Aquello que pienses se hará realidad. Este es el magno poder de la mente femenina cuando imprime sobre el molde de sentimiento etérico su marca única, afectando la resonancia emocional que luego atrae la forma física y material a la realidad.

Si no honras quien tú eres, por ley energética no vas a poder atraer ninguna persona o situación en la que tú puedas honrar y ser honrada. Toda carencia o dependencia del otro que tengas no va sino a reflejar las propias y, como bien sabes, la relación se puede volver un trueque. Esto no es lo que tú eres.

Que cada acción, bien sea dar o recibir, sea un *reconocimiento* consciente de la sustancia del Amor.[2] Al valorarte a ti misma, podrás valorar a los demás y distinguir lo que es de valor.

Sé consciente de la dinámica de causa y efecto que se establece cuando dejas de lado tus emociones personales y eres guiada desde el interior. Entonces tus acciones están impregnadas de fuerza y no de capricho, y culminan con la toma de decisiones inteligentes basadas tanto en el poder como en la intuición.

2. Sustancia del Amor: si entendemos el Amor como un estado de Ser, la resonancia resultante de este estado impregna todo lo que la rodea de una cualidad equilibradora, muy similar a ondas que armonizan, sanan y calman.

Carta 8: ¿Por qué los hombres no me entienden? Siempre parece que uno tiene razón y el otro está equivocado. ¿Por qué el amor no puede curar nuestras diferencias?

Mi Niña Idealista:

Los *dos* tenéis «razón», y los dos sois perfectos, pero sois más perfectos en vuestras diferencias.

Solo podemos entender aquello que somos, nunca lo que no somos; como mucho, lo que podemos hacer es aceptarlo. El poder que tenemos como centros magnéticos de atracción es algo que no se puede conocer ni controlar, y ha hecho que a lo largo de los siglos los hombres nos hayan adorado y aborrecido por igual. La electricidad y el magnetismo no se mezclan. Al igual que el agua y el fuego en alquimia, son fuerzas creativas diferenciadas que trabajan en reinos que van más allá de ellas mismas.

La educación y el condicionamiento social son un puro barniz bajo el cual los sexos compiten entre sí. Llevamos a nuestras espaldas millones de años de conflicto y dolor que apoyan la desconfianza que hemos cultivado entre nosotros, un fenómeno que va más allá de lo que el amor puede contener, un miedo que lleva existiendo desde la separación de los sexos. En el plano físico es consustancial a la condición humana. Los reinos de fusión y perfección no son de este mundo.

La tarea de hombres y mujeres por igual es *vivir* en la luz de los valores y perfección internos, y al mismo tiempo *actuar* en el escenario de las apariencias y la imperfección; mantener la paz, eso sí, mientras vivimos en conflicto.

Los hombres son hacedores naturales, creadores, constructores y líderes en el mundo. Aunque compartimos con ellos todas estas actividades, *nuestro* hacer, crear, construir y liderar en el mundo se inclina hacia la calidad y la experiencia interna.

Las mujeres somos susceptibles de y a menudo nos vemos obligadas a defender muchas posiciones en el mundo intelectual y concreto que parecen entrañar una negación de nuestra naturaleza emocional. Somos fundamentalmente receptivas y vivimos en las profundidades de esa facultad fluida del sentimiento y la percepción, por eso nos resulta difícil comunicar con precisión qué y quién somos, lo que pensamos o deseamos, o defender nuestras posiciones conceptualmente. Ésta es la razón por la que a menudo te encuentras compitiendo con los hombres o esforzándote por complacerlos o pensar como ellos, incluso a pesar de ti misma. Si no te vuelves agresiva, te pones a la defensiva. Es difícil ser como eres sin sentir que hay algo en ti que no funciona. A los hombres les ocurre lo mismo *emocionalmente.*

Nuestros cuerpos expresan las mismas facultades humanas y nuestras mentes observan la misma realidad exterior, pero hombres y mujeres percibimos y respondemos al mundo de maneras diferentes. La forma de relacionarse de la mujer en y con el mundo es a través de un refinado mecanismo de sintonización interna; la de los hombres, mediante un sistema de evaluaciones y cálculos sutiles. Las mujeres absorbemos todo de nuestro entorno, (ideas, sentimientos y fuerzas), y lo fijamos como si lo fotografiáramos. Retenemos lo que vemos física, emocional y mentalmente, nunca olvidamos. Los hombres, sin embargo, destacan en el mundo de las posibilidades y a menudo ignoran el aquí y ahora.

Percibimos y amplificamos energía y fuerza por naturaleza. Si no lo tenemos en cuenta, esta facultad alimenta automáticamente nuestras emociones y, a su vez, se apropia de todo lo que nos rodea. Creemos lo que nos dicen los hombres, que se sienten cada vez más frustrados porque no somos controlables ni predecibles. Nos han dicho que tanto nuestras emociones como nuestro sexo son la causa del mal desatado en el mundo, incluso se nos ha hecho creer que somos la causa del pecado original, afirmación por la que todavía estamos pagando las consecuencias. Estamos cargadas con una culpa subconsciente que solo sirve para exacerbar la posesividad y la paranoia, y todo ello debido al magnetismo y la electricidad.

Se nos enseña a manejar ideas igual que a los hombres, aprendemos a debatir y a competir, a formular y a abstraer de maneras idénticas. Pero nuestro pensamiento es intuitivo; más que *ver* ideas, las *sentimos.* Esta capacidad de conceptualización intuitiva es mayor que la de los hombres y nos ofrece mayor amplitud de percepción, aunque no siempre la misma precisión y detalle. Puede que lleguemos a destacar en razonamiento objetivo, pero a la mayoría de nosotras no nos resulta fácil. En el mejor de los casos experimentamos una especie de subjetividad objetiva, una percepción de las profundidades más recónditas del Ser. Somos un devenir continuo.

Hija mía, no hay *nada que sanar* aquí: las diferencias son las diferencias. En lugar de ello, honra y respeta todo lo que sea distinto de ti porque eso te ayuda a ser tú.

Como mujeres, sentimos quién, o mejor dicho, *qué* es lo que somos, sin embargo insistimos constantemente en una definición. Con demasiada frecuencia pedimos a alguien que nos diga qué aspecto tenemos, no por inseguridad, sino porque no tenemos un sentido firme de la forma como lo tienen los hombres, y esto también se aplica a las emociones. Algo que también puede resultar sorprendente es que los celos no son una condición natural de la mujer. Nuestra auténtica naturaleza consiste, más bien, en atraer hacia nosotras para abrazar, querer y nutrir todo cuanto vive, respira y pulsa, toda la creación de Dios. Esta actividad instintiva está desprovista, en esencia, de posesión, exclusión o envidia.

Somos instintivamente valientes en lo que a las emociones se refiere. Nuestro espíritu, algo temerario a este respecto, puede convertirse en una fuente de conflicto para los otros, especialmente para los hombres. Exploramos las emociones con la misma facilidad con la que nos cambiamos de ropa, adquiriendo forma tras forma de movimiento dentro de ellas. En realidad nos divierte experimentar el cambio perpetuo que nos proporciona significado, y esto se refleja en nuestro pensamiento, repleto de imágenes sensuales e intensas.

Nuestra *manera* de pensar nos otorga una habilidad innata para alcanzar reinos dimensionales superiores de la mente. Sabemos cómo se *siente* una idea o un concepto. Puede que no siempre seamos capaces de traducirlo en términos concretos sin la ayuda de los hombres, esa manera de pensar que define nuestro mundo cotidiano.

Por tanto, en lugar de preguntar por qué los hombres no te pueden entender, te corresponde a ti comprenderlos a ellos a la vez que permaneces firme en tu verdad.

Carta 9: ¿Cómo comunicar de manera efectiva lo que sé por intuición?

Mi Anciana Sabia:

Tenemos el mismo problema durante los últimos 2.000 años e incluso desde antes. Hemos transmitido quien somos y lo que somos a través del silencio y el misterio, preservando, sanando y abrazando a la humanidad, y mientras tanto, luchando contra las interpretaciones que se han hecho de nosotras. Todo ello no ha sido sino una especie de batalla perdida. Pero ahora ha llegado el momento de trabajar con detalle cada nivel. La reconstrucción del mundo depende de ello y también de nuestra habilidad para usar la palabra.

Tu pregunta tiene que ver con el uso de la mente concreta, mientras que la percepción se obtiene mediante el uso de canales subjetivos e intuitivos. Así como nosotras tenemos que abrazar el Principio Masculino, los hombres tienen que abrazar el Principio Femenino para que la profundidad en la comunicación pueda ser posible.

Para las mujeres, el proceso comienza aislando y estudiando la percepción en ambos niveles antes de intentar tender un puente entre la sensibilidad de la red de cuerpo-sentimientos y la maquinaria de la mente pensante. En otras palabras, debes estar bien enraizada en tus emociones, y el truco para lograrlo consiste en desarrollar la razón sin dañar este delicado mecanismo. En tiempos antiguos las mujeres se educaban exclusivamente entre mujeres y eran protegidas de las fuerzas que podían poner en peligro su sensibilidad e imaginación.

Sin entrenamiento las mujeres tienden a pensar de forma imprecisa, y algunas mujeres nunca llegan a resultar comprensibles en un mundo de hombres. No todas las mujeres sienten la llamada o la necesidad de desarrollar su capacidad de debate o comunicación. En su justa medida, y para aquellas mujeres que se disponen a hacerlo, pensar sirve para disciplinar y potenciar una naturaleza emocional. Como podemos ver en el mundo de hoy, las mujeres entrenadas pueden ser unas líderes y filósofas excelentes, prácticas y humanas.

Nos encontramos con los hombres en el nivel de la abstracción, y es desde allí desde donde los dos alcanzamos el aspecto superior de la mente, y desde donde podemos llevarlos al reino del espíritu a través de la verdadera inteligencia del corazón.

Para llegar a comprendernos y poder mezclarse con nosotras en las dimensiones creativas del Ser, los hombres pasan por el mismo proceso en orden inverso. *Ellos* comienzan con el uso de sus mentes para sobrevivir en los angustiosos pantanos de las emociones. *Nosotras* empezamos con las emociones y luchamos denodadamente para encauzar el espíritu mientras disciplinamos nuestras mentes. El fondo intuitivo tras nuestro pensamiento ordinario está siempre presente. Nuestra mente siempre está funcionando en dos niveles.

Originalmente se concebía el Estado de Ser,[1] que

1. Estado de Ser: la experiencia de Ser que implica esencia. En este caso lo divino o el todo absoluto.

abarca mucho más que nuestra concepción de Dios, como algo femenino, como la Madre, y englobaba el poder trino de engendrar, crear y preservar. Todo nacía de Ella: sustancia, forma, facultad y poder. Los Kogis de Sudamérica, emparentados con los aborígenes australianos, llaman *Aluna* al estado de mente en el que todo existe simultáneamente. En sánscrito se le llama *Prakriti*, término que engloba un estado de Ser como inteligencia y la actividad espontánea que emana de ese estado de Ser. La emanación es la sustancia de Luz de la que surge la estructura de la materia. Para poder comprender este estado necesitamos estar bien afinados, lo cual supone elevar nuestro nivel de frecuencia.

La *sintonización*, (es decir, mezclarse con la energía de otro o acoplarse con otra persona), es una forma especial de usar la mente. Es como si nos centráramos en la experiencia del pensamiento mismo. Esto no es algo direccional, es decir, no nos proyectamos *hacia* ese estado sino que emergemos *de* ese estado. De hecho, no hay proceso alguno, es instantáneo. Nuestra mente, la mente femenina, trabaja así. Piensa en el fenómeno de la paz. Solo alguien verdaderamente pacífico puede infundir esa energía, ya que por mucho que se haga no se podrá producir lo que el estado de Ser consigue instantáneamente. Los niños muy pequeños hablan el lenguaje del Ser.

Percibimos y al mismo tiempo participamos en lo que percibimos. Esto significa que nuestra actividad mental, más que definir, empodera. La dinámica de definir o de «hacer» corresponde a la mente masculina. Nuestra capacidad normal de pensar y sentir está compuesta tanto de la modalidad femenina como de la masculina.

Los antiguos no malgastaban sus recursos, no buscaban explicaciones que solo podían encontrarse al sentir la experiencia mediante un pensamiento lógico y secuencial, y viceversa. Así surgieron las Escuelas de Misterio. Hoy en día usamos la inteligencia inquisitiva para cosas para las que no es necesaria. De hecho, se equipara la inteligencia con la evaluación y valoración en lugar de con la pura percepción.

Las mujeres tienen una visión de la vida sencilla, humanitaria y ecológica, igual que la de los antiguos que conocían el Estado de Ser más allá de lo tangible. Pero es un estilo de vida que no nos hace ricos, importantes, poderosos o especiales. En todo momento se nos obliga a considerar el todo antes que las partes. En lugar de ejercer fuerza, la energía cede. Comunica a través de la armonía, honrando los ritmos, los ciclos y los dictados de la naturaleza.

Así es como podemos convertirnos en maestras de la sustancia de la creación, en alquimistas. Pero ese es otro tema.

Carta 10:
¿Cómo me puede ayudar la psicología?

Hija de la Vida:

¡Más bien lo que deberías preguntarte es cómo puedes ayudar *tú* a la psicología! La psicología es una forma perfecta de usar la mente lineal y su extensión, la mente abstracta. En su forma actual nos permite organizarnos y entendernos a nosotras y a esas impresiones que sentimos en nuestro entorno; nos ayuda a construir nuestra identidad y a asegurar la independencia que es la base de la colaboración real.

En nuestra cultura compartida aprendemos a partir de una definición de nosotras mismas. La psicología nos entrena para enfocarnos y mover grandes bloques de energía emocional, solos o combinados. Es la matemática y la geometría del comportamiento humano. Como mujeres, nos movemos en esto como pez en el agua.

Es importante que no confundamos lo que somos y quien somos con la identidad que *construimos*. La personalidad expresa nuestra verdadera individualidad, pero cuando actuamos a partir de una definición y no de una experiencia, se convierte en egoísmo. Muchas escuelas de psicología trabajan con etiquetas más que con contenido, con ajustes más que con auto-descubrimiento. No siempre hacen una distinción entre lo que pertenece al pensamiento y lo que pertenece al sentimiento.

Como todo en este mundo, el egoísmo tiene estilos masculinos y femeninos. Mientras que los hombres tienden a distorsionar la realidad mediante la construcción de pantallas mentales y el uso de formas de pensamiento que respaldan sus intereses invertidos, las mujeres contaminamos el medio con un mal manejo de las corrientes de energía en nombre del pensamiento. Para satisfacer la necesidad de *feedback* del exterior, emanamos formas de pensamiento emocionales que alteran la cualidad de nuestro entorno. Nuestro egoísmo se expande y agita, o se contrae y retrae.

Tendemos a engancharnos a todo aquello que nos pone límites. «¿Quién soy?» se convierte en «¿*Qué* soy?», y esto rápidamente se traduce en «¿Cómo soy?» o, mejor aún, «¿Qué *hago*?». Antes de darte cuenta te has contorsionado y retorcido para ajustarte al molde preponderante de la mente masculina. Finalmente, ya fuera de control, te preguntas: «¿Qué está pasando?», ¡como si no tuviera nada que ver contigo! Así es como nuestra particular clase de locura se esconde tras la confusión, la imprecisión y el sentimentalismo. Al evitar este patrón de conducta podemos darnos cuenta de la dureza y rudeza que niega al alma femenina.

Para ser realmente útil en un mundo mejor, la psicología debe trazar una línea clara entre emoción, sentimiento y amor.

Las emociones ordinarias son básicamente egocéntricas; unen al receptor con el emisor como si estuvieran pegados con cola, viajando grandes distancias para conseguirlo, involucrando cosas, lugares y personas en el significado personal y en la historia del sujeto. El sentimiento va un paso más allá y se relaciona con un sentir más estereotipado, teñido con colores acordes con la tendencia manipuladora de su creador.

El amor es distinto. No es ni emocional ni sentimental, es una extensión de la plenitud de Ser.[1] Aprender a transmutar la carga emocional en una fuerza de amor liberador requiere la destreza que una mujer realizada aprende a tener al dominar su naturaleza emocional mediante el proceso de refinamiento de la inteligencia, una inteligencia que va más allá del alcance de la psicología actual, y que alcanza directamente a los reinos de la Madre.

1. Plenitud de Ser: el yo real o esencia consciente de su estado de Ser. En cuanto a la diferencia entre esencia y Ser, ambos términos significan lo mismo cuando se refieren a la personalidad. Cuando se aplican a la dinámica de la creación, la esencia se refiere a un estado anterior a Ser, y el Ser apunta a la chispa primordial individual. Puede que lo inspire otra persona o situación, pero la influencia acaba aquí. Es una irradiación totalmente impersonal, liberadora y elevadora que no ata, sino que mezcla un todo con otro, incluyendo un núcleo de esencia que representa a los dos.

Carta 11: ¿Cuál es la diferencia entre sensualidad y sexualidad? ¿Para los hombres es diferente?

Mi Niña Sensual:

Básicamente las mujeres son sensuales y los hombres sexuales. Sensualidad y sexualidad están íntimamente relacionadas, pero también pueden excluirse mutuamente.

Cuando se permite que se desarrolle naturalmente, cada respiración de la mujer es un experimento extático de deleite emocional y sensorial. También disfrutamos con casi idéntico placer de las frecuencias más refinadas fuera del cuerpo. Nunca te sientas avergonzada de disfrutar de las sensaciones físicas, emocionales o espirituales de la vida. Fuiste hecha para bailar con las estrellas y fluir con las aguas de la creación. La sensualidad es algo tan fundamental en ti como lo es en el recién nacido que goza con el agua del baño, o en el cachorrillo que disfruta jugando con las olas en la playa y que corre por el mero placer de moverse.

La sensualidad se relaciona con la alegría de vivir la vida plenamente. Es la forma que tienen de expresarse los sentidos cuando son plenos y vibrantes. Aunque es inducida por la sensación, y la satisface, concierne y trasciende *todos* los sentidos, esto incluye, el oído, el olfato, y, desde luego, el tacto.

Existe una gran diferencia entre sensualidad y sexualidad. La sexualidad está dirigida generalmente a la satisfacción de un deseo, deseo que a su vez sugiere un ciclo de anhelo, absorción y saciedad. Por otra parte, la sensualidad es un estado continuo de ser en el que el placer por experimentar existe sin que haya un motivo ulterior o punto de saturación. Cuando la sensualidad se convierte en el medio para un fin se convierte en sexualidad.

Observa la diferencia física entre los géneros. El cuerpo masculino manifiesta un impulso a la acción. El cuerpo femenino muestra atracción y contención. Esto no se relaciona con patrones de comportamiento de extroversión o introversión, sino con una modalidad energética.

Los hombres dividen y conquistan, analizan y segmentan la vida en distintos componentes, y los reordenan en áreas y categorías, pasando de una actividad a otra sin esfuerzo. Las mujeres no podemos desconectar tan rápidamente, razón por la cual no podemos olvidar con facilidad. Nuestra expresión física es igual a la emocional. Nos resulta difícil responder a una sola parte, por ejemplo, los genitales, sin desencadenar una necesidad totalmente corporal que, automáticamente, se traduce también en emocional. Nuestro lenguaje es adaptación y envolvimiento. Abrazamos a nuestro hombre física, emocional, mental y psíquicamente.

Nos sentimos obligadas a tener sexo cuando no lo deseamos. Ansiamos la plenitud de la comunión pero nos conformamos con cualquier cosa que podamos conseguir.

En estos momentos hacemos que nuestro cuerpo *piense* una respuesta y si esto no funciona lo fingimos. Nuestros niveles de tolerancia a estímulos sensoriales son considerablemente superiores a los de los hombres.

Podemos tolerar mayores cantidades de alegría o de dolor, como ocurre en el parto. Bajo las condiciones emocionales y espirituales adecuadas, nuestros cuerpos se inflaman al instante y por completo. Apreciamos enormemente que se nos aprecie por quien somos y por lo que somos, en lugar de por lo que parecemos ser y por cómo complacemos al otro. De hecho, lo que más nos excita es la apreciación y reciprocidad emocional.

Esto no quiere decir que no haya mujeres que respondan con fuerza al instinto sexual básico. Sin embargo, hoy en día las expectativas son tales que demasiadas mujeres mienten para convencerse a sí mismas y al otro de que encajan en la norma. Hacen trucos para excitarse y alcanzar el orgasmo, a menudo iniciando y acabando el trabajo por sí mismas. Una vez conectada con cualquier estratagema, incluyendo la estimulación mental, la verdadera respuesta se ve gravemente dañada. Y tras ese tipo de excitación autoinducida, vacía de profundidad, acecha una sombra de resentimiento que crece cada vez más.

Nadie es verdaderamente asexual, sin embargo, hoy en día muchas mujeres que caminan por el sendero espiritual se consideran asexuales simplemente porque no responden a las presiones y segmentación del tiempo. *Comprende cómo respondes a todo en la vida.* Resiste las presiones culturales y de tus iguales. Sé quien y lo que tú eres. Comunica quién eres *como tú eres.*

La mayor parte del entrenamiento sexual hace excesivo hincapié en la técnica, violando y agotando tus delicados y sutiles mecanismos. Permanece quieta. Permanece quieta *junto a tu pareja.* Y *sabe.* Sé delicada y sensible, y comparte con tu amante. Entrad juntos en el templo del cuerpo, en pureza y totalidad. No te conformes con nada menos que esto.

No *necesitas* nada ni a nadie. Los hombres nos necesitan más que nosotras a ellos. Si no estás en una relación pregúntate si realmente quieres tener una. Aprende paciencia y discriminación y entonces sé lo que quieres atraer. Atraerás aquello que eres. Refínate. Comprende tus deseos psicológicos, tus filtros y mecanismos de interpretación, incluyendo tus obsesiones o preocupaciones sobre estar en una relación y tener hijos. ¡No todo el mundo está diseñado de la misma manera!

Y sobre todo, deléitate con tu cuerpo de manera natural, serena, invisible, solo para ti. Respondes de modo exuberante a los ciclos naturales. En esos momentos apenas sabes qué hacer con las intensidades que experimentas. Encuentra maneras creativas de compartir esa energía como alegría e inspiración, como gratitud a la vida por estar viva. Este es el regalo de amor que te hace la Madre. Aprovéchalo y úsalo con sabiduría.

Carta 12: ¿Cómo elegir entre la atracción sexual y el anhelo espiritual?

Mi Querida:

Tú que lo abrazas todo, no hay elección que hacer cuando se trata de la experiencia.

Siempre vives en relación, bien sea una relación exclusiva e íntima, o bien dentro de los límites típicos de intercambio social. En mayor o menor medida la relación implica compartir el camino, inspirando, elevando y ayudándose el uno al otro para alcanzar la realización interna. Hacemos esto tanto con los amigos como con las parejas y con los hijos. La espiritualidad florece en el terreno de las relaciones. La soledad impuesta crea un desequilibrio; mientras que es imposible estar solo, *es* posible estar completo.

Lejos de satisfacer las expectativas de cada uno y de ir siempre en busca de buenos momentos, estar en una relación no es algo gratuito sino que, como todo trabajo espiritual, supone sacrificio. Cuando estás convencida de que estás incompleta y de que careces de valor, entonces, dar al otro es una obligación que trae consigo incomodidad y privación. Por otro lado, cuando sabes que ya eres un ser completo, dar es compartir, y compartir acrecienta todo sentimiento del ser. Lo único que se sacrifica es la noción infantil de un papaíto en el cielo que se ocupa de ti pase lo que pase. Solo hay una persona cuyo trabajo sea cuidar de ti y ésa eres tú misma.

Descubre tu ser y sabrás lo que es estar completo.

Las relaciones son vida. Vivir como un ser humano en un cuerpo humano supone aprender a vivir, trabajar, incorporar, manejar y abrazar las diferencias, y esto solo lo podemos aprender cuando contemplamos, confrontamos, resistimos y, en general, cuando interactuamos con aquello que deseamos conocer, experimentando sus partes complementarias y opuestas.

Intercambiamos corrientes de energía y formamos lazos kármicos. A través de los acordes creados de esta forma, proyectamos y absorbemos distintas cualidades. A medida que crecemos en conciencia y llegamos a comprender al otro y a abrazarnos con amor inteligente, nosotras mismas adoptamos o absorbemos estas características. En esto es en lo que consisten la comprensión y la compasión.

Al atraer lo que somos, es decir, lo que vibra en la misma frecuencia, la ley energética nos obliga a relacionarnos con personas que reflejan nuestros gustos y también lo que no nos gusta, hasta que contengamos y superemos estas diversidades en totalidad, es decir, hasta que ya no sintamos atracción o repulsión. Es entonces cuando puede empezar el amor real. No todo el mundo comprende esta faceta de las relaciones, especialmente cuando el sexo está de por medio. El sexo espiritual se basa en la atracción del alma que irradia el cuerpo cuando es abrazado en totalidad.

Es cuestión de compleción. A menudo, ante la ausencia de la persona a la que amamos o de alguien con quien tenemos una relación íntima (que también puede haber sido hostil), nos sentimos como si lleváramos a esta persona dentro. Sentimos sus características expresándose a través de nosotras como una emoción, un pensamiento o un gesto. Puede que nos encontremos diciendo: «¡Dios mío! ¡Estoy haciendo lo mismo que fulanito suele hacer!» O puede que sencillamente sintamos su fuerza, recordándonos que la experiencia con ellos se ha convertido en una parte más de nosotras. Entonces comprendemos todo lo que hemos absorbido a través de la relación. Esto ocurre a nivel mental, emocional, físico y también espiritual. Así es como nos ayudamos y nos honramos, y así es como la memoria celular se extiende por el cuerpo de la humanidad hacia el futuro.

Cuando el todo se convierte en nuestro propio ser no solo entendemos todas las diferencias posibles con tolerancia genuina, sino que también nos damos cuenta de que la soledad es una ilusión. Entonces vemos que la compañía que buscábamos es precisamente lo que somos capaces de ofrecer, y el entendimiento del que carecíamos se manifiesta como hermandad.

Nuestra participación activa en el mundo como mujeres es la que marcará la diferencia real para el futuro de la raza.

Carta 13: ¿Qué importancia tiene el sexo?

Mi Fortalecedor Amor:

Mucha de la sexualidad de hoy en día viene del exterior provocada a través de objetos e imágenes mentales basadas en una emocionalidad negociable. Se alimenta de la inseguridad y el miedo.

El sexo, como apertura entre mundos, es el lugar donde la Madre hila la creación. Es un desfiladero ilógico, irracional, una zona misteriosa por donde la vida se cuela en la forma, pasa por ella y sale de ella: las entrañas tumultuosas y caóticas de la fuente. La calidad de la conciencia determina la calidad de las creaciones que surgen de ella. Esas creaciones constituyen tu mundo futuro.

El sexo es divertido, pero demasiado de cualquier cosa resulta perjudicial. La importancia radica en la cualidad de la conciencia, en la emoción-sensación[1] más

1. Emoción-sensación: la experiencia de sensación y emoción sutil, o más bien, la relación entre ellas. Hay que tener en cuenta que las sensaciones no implican emoción: están desprovistas de las asociaciones emocionales que creamos y alimentamos. Así pues, mientras que para algunas personas la sensación incluye la cualidad del sentimiento emocional, para la mayoría de la gente puede que no sea así.

que en el hacer. Para la persona espiritual no es ni un pasatiempo en el que embarcarse cuando no hay nada que hacer, ni algo que usar una y otra vez. Tampoco es un campo de deporte que ofrece la posibilidad de medir habilidades, rendimiento y potencia. Lo importante es ver qué nos lleva a tener sexo, qué es lo que le da su poder.

En cuanto a los hombres, sé que lo que voy a decir no está muy de moda actualmente, pero los necesitas, igual que ellos te necesitan a ti, *más allá del sexo.* No es tanto una necesidad emocional o mental como funcional, una colaboración creativa. Es imposible vivir sin una polaridad. Ésta es la trampa divina que el Creador ideó para enseñarnos a crear juntos y a ser flexibles.

Todas las relaciones son esencialmente sexuales porque tienen que ver con intercambios de sustancia energética a nivel físico, emocional y mental. La relación sexual física es el escenario perfecto para el fortalecimiento mutuo en el sentido más elevado. Pero el sexo en el sentido más común de la palabra es otra cosa, está en la mente.

Cuando la primera etapa de deseo sexual se ha acabado disminuye el intenso ciclo de atracción y repulsión. La mayoría de las personas terminan la relación en ese momento y buscan a otra persona para que vuelva a avivar un estado de constante excitación física, ignorando las consecuencias mentales y emocionales. De esta forma, nunca se gradúan en las sutilezas de la correspondencia energética superior que ofrecen las relaciones plenas.

La relación hombre-mujer es un juego continuado de fuerza vital y espiritual. No hay nada que pueda igualar o reemplazar este tipo de nutrición, excepto la Naturaleza. Las relaciones sexuales con personas del mismo sexo generan determinados intercambios a nivel emocional y mental. A nivel físico producen tensión y desequilibrio, a menos que se haya equilibrado de otras maneras. Aunque a menudo satisfactorias para las personas más espirituales, en los niveles físicos no pueden alcanzar la plenitud que proporciona la polaridad opuesta. En lugar de ello tienden a crear más anhelo. Las relaciones con el mismo sexo pueden ser sanadoras, pero también energéticamente destructivas cuando el aspecto físico no se ve comprendido, equilibrado y compensado.

Los antiguos Tantrikas estudiaron y desarrollaron métodos compensatorios para las personas sin pareja o con parejas del mismo sexo. También concibieron métodos para potenciar la circulación energética consciente entre parejas heterosexuales y así obtener salud y bienestar. Tomando del poder femenino de generación y combinándolo con el poder masculino de proyección de conciencia, el acto sexual se refinó y se convirtió en una ciencia para llegar al alma. Así es como sabemos que el orgasmo físico humano no es más que una pequeña fracción de la actividad orgásmica que se da en iniciados entrenados.

El orgasmo es la pulsación de la vida y se produce en muchos niveles. Los hombres no pueden alcanzar los profundos niveles que alcanzan las mujeres. El orgasmo femenino desencadena un reflejo orgásmico expansivo que reverbera en esferas de influencia cada vez mayores como procesos creativos.

El reflejo orgásmico femenino, también producido por correspondencias en la naturaleza y por emanaciones superiores alcanzadas en meditación, primero rodea o envuelve a la persona, lugar o actividad, luego se extiende y se va dilatando progresivamente hasta que se produce una oleada de temblores interminable.

Esta actividad pulsante afecta y condiciona a *Aluna*, el estado y sustancia de la mente femenina. La mujer superior emite todo el tiempo orbes orgásmicos de inspiración exaltada en forma de alegría y realización. Mientras que una mujer puede hacer esto sola, el hombre necesita a la mujer para lograrlo, necesita la experiencia de verse devorado por el Principio Femenino. Esto es lo que representa *Kali*.

No se trata de que la relación sexual sea necesaria. Lleva a la emisión celular de frecuencia superior de la que las mujeres son las guardianas. Por esta razón, las mujeres han sido maestras y gurús de las prácticas sexuales a lo largo del tiempo. En lugar de prostitución, lo que hacían las sacerdotisas era condicionar la frecuencia celular para la elevación de la raza. No todas las mujeres están preparadas para asumir esta responsabilidad. En realidad, tanto hombres como mujeres pueden alcanzar la espiritualidad sin sexo.

Querida mía, aprecia las diferencias y perfección de los sexos. Contémplate dentro de este inmenso universo de partes que vibran, interactúan y danzan en conjunto... y evoca tus orígenes divinos. La Madre contiene tanto lo masculino como lo femenino, y es en este sentido en el que se afirmaba que el origen de la raza fue hermafrodita o andrógino, un estado que va mucho más allá de lo que te puedas imaginar.

Carta 14: ¿Por qué los hombres me tienen miedo?

Hija de la Profundidad:

Una de las cosas que encontramos más desconcertantes es ver con cuánta facilidad y ligereza los hombres parecen entrar y salir del amor emocional, lo predecibles que nos resultan y la facilidad con que se ven atraídos y atrapados por las apariencias. Todo resulta tan evidente.

Las mujeres somos como un precipicio. La única forma de llegar a la seguridad del otro lado es saltando y atravesando el barranco que queda en medio. Sin embargo, ¿cuántas personas dan la bienvenida a la experiencia del peligro conscientemente? Nuestra fuerza y poder vienen precisamente de la necesidad de traspasar un abismo siempre irracional.

No hay hombre que no haya sentido miedo de las mujeres en algún nivel. Incluso Casanova encontró formas de cortejar el peligro y evitar perder el control. El miedo instintivo de los hombres nos provoca una frustración y un dolor a los que respondemos con promesas implícitas o explícitas que pretenden justificar nuestro caos interior. Nos quejamos de la infidelidad de los hombres y nos sentimos confundidas por su aparente falta de correspondencia hacia *nuestros* sentimientos, pero ¿acaso nos entendemos *a nosotros mismas?*

Los hombres valoran una cierta definición, más de forma que de contenido. Les gusta la rutina y lo previsible, cosas que nosotras normalmente no consideramos importantes, o al menos no por las mismas razones que ellos. Ellos son por naturaleza criaturas lineales, racionales y menos complicadas. Son capaces de supervisar fríamente el escenario emocional desde sus alturas mentales. Como resultado directo de nuestra habilidad para movernos en lo irracional y también para contenerlo, somos los agentes productores de paz de la vida. Sin embargo ellos son los vehículos que sustentan la paz para la gran fuerza que mantiene el mundo unido.

No todos los hombres son tan inconsistentes como el ligón, o tan superficiales en sus sentimientos como el intelectual, pero cada uno, por méritos propios, alberga un miedo a perder una parte de sí mismo. Esta parte es la semilla de la atracción hacia su propia compleción mientras aprende a abrazar lo femenino como una *conciencia calificadora* en su interior. En circunstancias normales el hombre reflejará tu negación y falta de compleción, o lo que quede de ella, hasta que llegue el momento en que lo reconozcas y te apoyes en tu fuerza de ser y sentir. Tú, por otro lado, representas las fuerzas incontroladas del subconsciente que permanecen veladas en él.

¿Cuándo fue la última vez que cogiste a un hombre en tus brazos, un amante, un hermano, un amigo, tal vez un niño..., y fuiste testigo de su fragilidad? Ésa es su necesidad de la Madre en ti, una necesidad que él mismo no puede comprender. Y ¿cuántas veces te has aprovechado de las circunstancias y has usado esa necesidad para tus propios propósitos?

En tus relaciones con él, en la amistad o en pareja, equipara su poder y su fuerza con los *tuyos*, no en competencia, sino en totalidad, como otro hijo de Dios diferente e igual. Por supuesto, esto requiere dar valor a un sentimiento que carece de una cualidad determinada en un mundo en que el significado concreto se tiene en alta estima. Este es el quid de la cuestión, es la razón por la que eres tan necesaria como *tú* eres. El miedo de los hombres espeja el tuyo. Si te has confrontado profundamente en tu relación contigo misma no verás miedo, sino reverencia.

Carta 15: ¿Qué es esa atracción que siento hacia las mujeres?

Mi Querida Misteriosa:

Las mujeres siempre han estado cerca unas de otras. Ahora se nos niega esa experiencia de intimidad tan natural, pues solo otra mujer sabe lo que una mujer siente y necesita. Podemos ser una fuente formidable de confort emocional y espiritual, y de nutrición entre nosotras.

Entiende lo que es la atracción y las múltiples formas en que se expresa. Se manifiesta en los cuerpos y las polaridades a través de distintos medios y niveles. El sexo solo es uno de ellos. Borra de tu mente esta conexión automática que has creado entre atracción y sexo, e intenta ver la atracción y su resultado, la excitación, por lo que son. Hemos creado tal hábito de control y desconexión de nuestros cuerpos que ya no entendemos que la excitación es una respuesta física natural, y, en lugar de ello, se le da una interpretación sexual.

La excitación no es necesariamente sexual. Es un canto de pájaros, es alegría en la carne, es nuestro derecho a vivir plenos, contentos y felices porque sí. No necesitamos actuar sobre ella o ir en busca de los factores externos que la crearon. Como seres humanos y, más concretamente, como seres humanos del sexo femenino, necesitamos distinguir entre la química corporal y el condicionamiento mental, así como entre el disfrute y el logro. La atracción es absolutamente neutra; la excitación es un estado corporal de ser. Lo que elijamos hacer con la experiencia y el significado que le otorguemos pertenecen a la categoría de las opciones vitales.

Observa lo que ocurre cuando dos mujeres están juntas. ¿Qué es lo que sientes que varía con respecto a lo que sientes cuando estás con hombres? ¿Qué cambia en ti? ¿Te sentirías igual si no conocieras el género y las fuerzas en juego? ¿A qué estás respondiendo? ¿En qué nivel? Intenta separar tu percepción de las sensaciones y las emociones. Percibe la dinámica que se establece con la presencia de otra persona como un campo de energía. Percibe las sensaciones producidas por toda forma de vida. Si sacas de tu mente el proceso de pensamiento del sexo lo que te queda no es sino la experiencia directa de la vida.

La intimidad y la necesidad de intimidad, aunque formen parte de un cuadro mayor, no deben confundirse con el sexo y con hacer el amor. Ya es hora de que la sociedad vuelva a aceptar que las mujeres estén con mujeres sin proyectar sexualidad en ello. Nuestra naturaleza es básicamente maternal y sensual, y abrazar, acariciar, besar, cogerse las manos, y cuidar a otro físicamente son expresiones absolutamente naturales.

Debemos considerar este fenómeno que cada vez está más de moda con la claridad, el foco y la gran urgencia que requiere. No solo hay una obsesión con el tiempo y con gastar, sino que hay una tremenda confusión de género que innecesariamente crea conflicto, juicio, ostracismo y culpa interna. Una vez que consigues abandonar los intereses invertidos, las fantasías colectivas, la presión de la atracción por oscuros frutos prohibidos, te das cuenta de que tus ideas sobre la atracción, excitación y el sexo se transforman: te vuelves espontánea.

Querida mía, ¿no vas a permitirte sentir con profundidad, como es tu naturaleza, pero también *pensar* con profundidad? La llamada para mezclarte con otra persona no es ni accidental ni urgente. Nunca tengas miedo de amar, y esto incluye también las demostraciones de cariño, caricias, abrazos, besos... No es el acto, sino el proceso de pensamiento que está por detrás lo que le confiere poder y santidad. Atrévete a pensar. Atrévete a saber... Entonces tus amistades, alianzas, relaciones de todo tipo, incluidas las sexuales, se expresarán de manera distinta, al igual que las formas en que incitas, excitas y estimulas tu organismo.

El Amor es Amor, y sus expresiones son múltiples. En su base se encuentra la pureza, y ésta siempre conlleva serenidad, totalidad, apertura y una reverencia abrumadora ante la santidad de la vida.

Carta 16: ¿Cuál es la relación entre la experiencia sexual y la experiencia de amor del alma?

Apasionada Mía:

Se encuentran en la experiencia de abandono total, de soltar todas las referencias. Las dos son similares a la experiencia de la muerte.

El amor del alma no es ni del placer del cuerpo ni de la satisfacción emocional que las mujeres anhelan por instinto, sin embargo, se construye sobre la experiencia de ambos, y es más bien las dos cosas en niveles de experiencia cada vez más sublimes. Este amor no es blando o indiscriminado ni tampoco autoritario, posesivo o manipulador. Es intenso pero no procede del exceso.

Abandona el miedo y la atracción que rodea la pérdida de control asociada al placer del cuerpo. Mientras esta actitud perdure no podrás experimentar ningún tipo de amor. Sustituye la oscuridad y el aislamiento consecuencia del exceso, por la conciencia de la abundancia de la vida, en verdadera inocencia y pureza.

El placer del cuerpo es un índice de salud y vitalidad, de flexibilidad y armonía. Incluye el sentido del tacto, pero también la sensibilidad más sutil evocada mediante la conciencia espiritual. Este es un placer que lleva a respetar el cuerpo y no a abusar de él. La satisfacción emocional trae consigo afinidad y respuesta mutua. Se centra en el presente y en uno mismo, no en el otro. Cada parte está completa.

El placer del espíritu está relacionado intrínsecamente con la presencia de lo divino al conectar el individuo con su fuente. Cuando esto ocurre en una pareja, cada uno se sintoniza individualmente con la presencia del otro y no exige ni depende de él o de ella. Nos sentimos agradecidos, infinitamente agradecidos al otro, que se abre a compartir con nosotros para poder sustentar las condiciones que intensifican la experiencia. No hay absolutamente nada personal en esto, y, sin embargo, es la mayor realización posible tanto para el hombre como para le mujer. Su experiencia vibra en las células del cuerpo y resuena en cada sentimiento.

Este amor nos lleva a una rendición extática y a participar en la vida conscientemente, creándose un círculo cada vez más amplio de alegría y creatividad. Es un grito lejano de la fantasía poética que tiñe la visión adolescente del romance, pues se construye en torno a la responsabilidad individual, al discernimiento y al poder de la armonía sustentada en todas las condiciones de vida. Hombres iluminados y grandes mujeres, como San Juan de la Cruz o Santa Teresa de Ávila, son un monumento eterno a esta expresión del amor en el mundo. La presencia del otro nunca es una distracción, sino un recordatorio continuo de la grandeza de Dios.

Reconoce la diferencia entre cada tipo de placer. Busca la belleza, rescata la gracia que se encuentra en el corazón de cada forma, de cada acción, de cada sentimiento.

Eres el agente que cualifica la valiosa fuerza del amor en *todas* sus manifestaciones. Practica la selectividad, no la negación. No hay nada de lo que escapar ni ningún lugar a donde ir. Nada que resistir o excluir. La vida siempre está *aquí* y es bella. La oscuridad por la que tal vez pases siempre contiene luz. Recuérdalo mientras viajas por las profundidades de la vida y de tu propio ser.

Carta 17: ¿Puedo ser «pura» y aún así llevar una vida plena?

Amada Sacerdotisa de Mi Luz:

Hija de mi propio corazón, tanto la pureza como el poder son tuyos. Te veo como la quietud centelleante que refleja el fondo de un estanque rico y silencioso. Te sumerges profundamente pero también reflejas en la superficie las corrientes de amor que buscan expresarse en las entrañas del mundo, a veces con pureza, a veces sin ella.

No confundas pureza con ingenuidad. Crees que por sentir los sentimientos de los otros ellos también sienten los tuyos y ¡no es así! Cuando sientes su angustia, por supuesto que te gustaría poder evitársela. Pero debes entender la superficie engañosa de los sentimientos y concentrarte en la *facultad* que te permite sentir, que es lo que te permitirá ver de verdad. Saber es suficiente. No necesitas probarlo o que te sea probado. No necesitas actuar.

No confundas pureza con represión. A veces, si la angustia es grande, justificas cualquier cosa que te proteja de esa intensidad. Esto también se puede aplicar a las sensaciones corporales. No hay forma de que te puedas saltar la experiencia humana del sentimiento, sería como querer detener un tsunami. Tú eres el termómetro. La confusión solo se instala cuando estás fuera de ti. Es entonces cuando no puedes distinguir lo que está bien de lo que está mal y cuando estás dispuesta a creer cualquier cosa. Te conviertes en un ser crédulo y tonto. No *necesitas* hacer nada.

Más aún, no confundas pureza con conducta puritana. En tu núcleo lo que hay es inocencia, una inocencia que no es estúpida, ni infantil, ni rechaza la vida con mojigatería. Es la cualidad de tu sentimiento cuando está libre de etiquetas y revela la poderosa fuente de sabiduría que es la pureza: ahí nacen los sentimientos, y ahí vuelven y se acumulan, en templanza y madurez. Sin embargo, cuando permites que la mente analítica maneje y lidie con este poder del corazón, te vuelves despiadadamente astuta. Ésta es la característica que separa a la sacerdotisa de la bruja. Solo tienes que sentir y observar.

La mujer es la puerta de acceso de los sentimientos a la humanidad. Tal vez sea ésta la razón por la que se nos ha tachado de seductoras. Eres considerada como la eterna Eva que tienta al hombre con la fruta prohibida, algo que, por supuesto haces, como conocimiento que es a la vez transparente y primario. *Somos* el aliento de la serpiente, pero el Espíritu Santo es el que respira dentro de nosotras. Somos ambas cosas, inocencia y sabiduría.

El camino de la mujer establece que alcancemos la iluminación a través de las cumbres y las profundidades de la intuición sentida, cuyo símbolo es tanto la serpiente como la paloma. A la Conciencia se llega Siendo; es entonces cuando la serpiente vuela como una paloma y se posa serenamente traspasando el vaivén del propio movimiento, convirtiéndose en Quetzalcoatl, la fuerza del Cristo.

Nuestra inteligencia opera desde un conocer que es un no conocer. Si fuésemos capaces de entender ese estado como pura existencia... si pudiéramos tomar ese momento y extenderlo en el tiempo y más allá del tiempo... entonces volveríamos al estado de sacerdotisas, nuestro papel original en los templos de la gracia de Dios.

El regreso del estado de la sacerdotisa requiere que la mujer mantenga el silencio. En la quietud de su percepción consciente, como Conciencia, el conjunto de sustancia sentida que fluye desde la mente femenina se almacena en un pozo insondable de sabiduría y materia primordial. A las sacerdotisas se les enseñaba a sustentar el silencio de ser mujer. Desde esta presencia abastecedora los sacerdotes podían acceder a la sustancia y a la facultad con la que realizar su trabajo como modeladores de forma y medida, como creadores y guardianes del conocimiento.

No es fácil abrazar la serpiente con inocencia, pues una y otra vez somos víctimas de la sugestión, la herramienta que usa la fuerza oscura para influir en el subconsciente humano. Sus manifestaciones externas son el cotilleo, la presión social que lleva al conformismo, la preocupación, la sospecha y la eterna obsesión sobre lo que los otros dicen o hacen. Es algo corrosivo y hunde sus tentáculos más hondo incluso que la típica duda que nubla la mente de los hombres. Adormece nuestra sensibilidad y desvía la intuición. Debes saber cómo reconocer la sugestión.

La pureza es el mayor de los poderes en este mundo y también la fuente de todo poder real. La pureza a la que me refiero es aquella que se alcanza viviendo la vida con plenitud. Deshazte de la profusión de imágenes convincentes que pueblan tu mente en busca de atención, las fascinantes emociones que te llevan a una intensidad turbulenta. Mantén este silencio mientras resistes la avalancha de imágenes y emociones que bombardean las frecuencias de la sustancia. Estas son las creaciones subconscientes básicas de la humanidad con las que te alías, a no ser que escojas valerte por ti misma.

Carta 18: ¿Cómo puedo acceder al poder y usarlo en el mundo cuando en realidad me siento vulnerable e insegura?

Mi Tierno Ser:

Sin importar cómo se manifieste, el poder es la fuerza para permanecer completa e independiente; no conlleva presión ni esa fuerza agresiva que se exige en el mundo dc hoy.

Tu naturaleza se encuentra en la suavidad, pero esa suavidad también es dúctil. Es extremadamente fuerte precisamente porque se puede doblar y en la maleabilidad cobra fuerza. Recuerda la forma en que el sauce se dobla con el viento, el poder de ser vulnerable. En esa flexibilidad reside la capacidad de recibir y ser fecundada por miríadas de fuerzas y cualidades. Es algo que no hay que confundir con la fragilidad, que es una apariencia. La flor puede ser frágil en su existencia pasajera, pero se reproduce, se esparce y persiste en el tiempo, a su propio ritmo, siendo siempre ella.

Las fuerzas que manejas y contienes condicionan, cualifican y estabilizan el mundo. Esas fuerzas se encuentran en tu cuerpo pero no son tu cuerpo, se encuentran en tus sentimientos, pero no son tus sentimientos, se encuentran en tu mente, pero no son los pensamientos. Representan el vientre de la tierra, tu receptividad ante la humanidad, ante todos tus hijos. Se encuentran presentes como la capacidad de paz de la que eres poseedora y como la enorme resiliencia que te proporciona el poder experimentar distintas posturas al mismo tiempo.

Eres tan fuerte, mi querida hija, tanto, que proteges a los niños del mundo, a todos ellos, ¡incluidos los hombres! El Padre cuenta con esto, cuenta contigo y conmigo.

Sé todo lo suave y vulnerable que eres, pero hazlo con dignidad. Siempre te sentirás insegura porque la seguridad es una ilusión.

Carta 19: Háblame de la mujer guerrera

Tenaz Hija Mía:

Todas mis hijas son guerreras temibles. Has de saber que la mujer guerrera entrena su cuerpo y su mente. Es un maestra de *Aluna*. Lucha contra lo terrenal con lo terrenal, sin embargo su conciencia siempre se encuentra en el altar de la Ley. Al igual que Kali, eres la expresión cíclica de la Madre, y te hallas en total sintonía con Ella como naturaleza. Has sido consagrada.

Debes comprender que luchar no va en contra de tu naturaleza, sino que es la expresión de tu amor y rectitud esencial. El coraje y la fuerza del corazón son tuyos, pero no te degrades luchando por cosas triviales, y sobre todo, no respondas a la agresión con agresión, porque seguro que pierdes.

Los caminos del Amor obedecen a las frecuencias más refinadas de la Ley superior. Tu munición es más potente que la que proviene del uso único de la fuerza bruta. Cuando no hay más remedio, se te permite usar medios físicos, y en ese caso nunca son los tuyos, sino que nos convertimos en vehículos de la Justicia divina, la todopoderosa *Maat* de la tradición egipcia.

Cuando nos mueve el espíritu de la Verdad somos imbatibles. Esta verdad es la de la maternidad, que engendra afinidad con toda vida, incluida la mineral y la vegetal. Podríamos decir que la mujer es una guerrera de la Luz, y no hay nada débil ni insustancial en esto.

Todos los recursos de la Vida obedecen las órdenes de la mujer así en la Tierra como en el cielo, desde el centro mismo de la creación. Cuando la vida llama a sus hijos a la Tierra, tiene que hacerlo como la Madre. Cuando los viste, debe hacerlo con la textura del cuerpo de la Madre. Es obligatorio emplear la naturaleza de sentimiento de la Madre y acoger todo en su corazón

Eres mi mensajera divina y mi propio vehículo en la Tierra.

Carta 20: ¿Cuál es nuestro papel en este mundo y en estos tiempos?

Hija Mía, la Mujer del Futuro:

Tu responsabilidad para preparar a los niños del futuro es tan grande como tu enorme amplitud e insondable profundidad. Está en tus manos hacerlo. Los hombres te necesitan y los niños ya te están esperando. Tu acción es necesaria de manera inminente. El mundo no cambiará hasta que tú no cambies.

Te pertenece Todo lo que se refiere a la vida y al fluir de ésta. Si nuestros hombres tienen que dirigir el mundo e iluminarlo con la luz del Padre expresada a través de ellos, tendrán que hacerlo sobre el terreno que tú hayas preparado y sustentado para ellos. Eres el poder sustentador de la verdad en el mundo.

Es mucho lo que puedes hacer en silencio, invisiblemente, pues tu amor nunca ha necesitado de nada más que de sí mismo, pero también es mucho lo que puedes hacer *de manera visible* en el mundo. Tu liderazgo dinámico e inspirado incluye transmitir y, por tanto, enseñar sensibilidad en todas sus formas, razón por la cual la educación es tu base privilegiada y primaria, como siempre ha sido en el hogar.

Con el cuidado de la salud también puedes transmitir ternura, aprecio y respeto por el cuerpo humano y su perfección. No hay nada como tu toque físico y tu abrazo emocional para despertar las fuerzas de sanación. Al igual que ocurre con la medicina, así sucede con todas las ciencias, donde puedes ser un instrumento para una mayor conciencia de las sutilezas de la vida. Estas pasan a menudo desapercibidas, pero son siempre importantes en la inteligencia dinámica del corazón, la inteligencia que se halla en todo y que atraviesa todo en la vida.

No hay nadie como tú para incorporar justicia y equidad en todo, incluyendo el derecho y el gobierno. Puede que no quieras ser el personaje principal, pero eres un pilar siempre necesario en el templo de la Ley Divina tanto en política como en finanzas. La economía real y el uso correcto de los recursos son una consecuencia natural de tu gratitud hacia todas las cosas vivientes.

Por último, tu bonita y sinuosa forma en la tierra es y siempre ha sido un objeto de admiración y veneración. Gracias a ella y a través de ella, eres capaz de elevar la sensibilidad de la sensación a las proporciones estéticas de la espiritualidad y la trascendencia. Dentro de tu corazón preservas los valores reales y eternos de la humanidad. Es tiempo de que sepas y vivas esto..., todo ello.

Instintiva y conscientemente diriges todo hacia las prioridades de la humanidad, los amados hijos de tu corazón. No te retires y permitas que otro haga lo que solo tú puedes hacer. Como ocurrió con Juana de Arco, el poder de las fuerzas celestiales siempre te abrirá el camino cuando tus órdenes sean pronunciadas en nombre del Amor.

Segunda parte

ENTRENAMIENTO Y DESARROLLO

La Petición

¡MADRE!

¿Cómo puedo darme forma a mí misma
y ser, hablar y tocar
a todos tus hijos en esta tierra,
cuando todavía me siento como una niña en tu regazo?
Muéstrame cómo convertirme
en la criatura humana-celestial
de tu Mente soñadora.
Guía mis pasos
y enséñame ahora...
a ser en la tierra
lo que soy en ti
en la Eternidad.

La Transferencia

¡HIJA!

Toma mi mano y
empieza hoy mismo
a dar forma a la materia de tu ser,
poco a poco, con paciencia, con cuidado y deliberación...
detalle a detalle.
Usa tu mente, que es mi Luz,
emplea tus sentimientos, que son
la fibra misma de mi alma,
y lleva tu cuerpo como la noble vestidura que es:
la forma que yo debo usar.
Construye mi templo de pureza una vez más,
dulce hija mía, en este antiguo y sagrado reino.

Preparación para la Iniciación Femenina

Las mujeres absorbemos y transformamos energéticamente. Nuestra función consiste en abrazar y distanciar a la vez. Aunque lo haga de forma sutil, la Conciencia, a través de nuestro género, siempre procura elevarnos a espacios de claridad y serenidad. Como arquetipo, le corresponde a la divina Durga o la Madre María, pasando por Isis e Ishwari, manifestar dando de nosotras mismas sin identificarnos de forma personal y posesiva con lo que vemos, sentimos o hacemos.

Para adquirir el derecho a ser una mujer real y participar en el esquema de la jerarquía espiritual, como colaboradoras en el mundo conscientes y dignas de confianza, somos puestas a prueba en las tareas de cada día hasta que nuestra conciencia consciente incluya el uso de los tres cuerpos (físico, emocional y mental) como una unidad. Este es el proceso de la iniciación, que en el caso de las mujeres requiere habilidades diferentes que en el de los hombres.

Antes de poder abrazar luz y oscuridad, bien y mal, caemos una y otra vez y pasamos gran parte del tiempo en un submundo de humor variable, como nos ocurre con la cíclica hipersensibilidad que acompaña a la menstruación. Cuando nos cansamos de ser víctimas de nuestro yo inferior, accedemos a las riquezas de nuestra intuición inteligente y discerniente, algo que no tiene que ver ni con la fuerza de voluntad ni con la agresión. Pero esto no es tan fácil. El deseo de ser quien realmente somos se convierte en la luz que nos guía mientras la vida nos hace pasar por situaciones difíciles. El potencial tiene que encajar con las exigencias de la vida de manera flexible y poderosa mientras vamos aprendiendo a usar y sustentar la Conciencia.

Ésta no es una prueba cualquiera. Nunca sabemos si la hemos superado hasta bastante después de haber pasado por ella. El éxito implica trascendencia, versatilidad y habilidad para sustentar niveles de energía extremadamente elevados. Mientras que en el caso de los hombres la iniciación se refiere a habilidades físicas y mentales, para las mujeres requiere introspección emocional y fortaleza espiritual, es decir, el valor para ser y usar las energías de la luz y de la oscuridad con pureza. Las respuestas correctas vienen de la habilidad para enfrentarse a situaciones inesperadas, energéticamente potentes, con tranquilidad y con fuerza espiritual en lugar de emocional. Somos probadas en las circunstancias más absurdas, irritantes y a veces violentas, dependiendo de nuestro temperamento. Nuestra concepción del amor y la espiritualidad se ve reformulada una y mil veces.

Durante toda nuestra vida, durante muchas vidas, nos preparamos para estas pruebas del ser por el Ser. Esta segunda parte del libro contiene ejercicios para ayudarnos a convertirnos en quien y lo que somos, para estar mejor equipadas, en cuanto Conciencia, en nuestras tareas en el mundo. Los apuntes que aparecen en esta sección son meras sugerencias para desarrollar en tu mundo. Cada ejercicio apunta a un aspecto de nuestra expresión como energía física, emocional y mental, y nos enseña discernimiento y foco. Cada mujer debería crear sus propios ejercicios adaptados a su ritmo y a sus necesidades a partir de los ejemplos que aquí se incluyen y de las capacidades de introspección adquiridas con ellos.

Para conseguir desentrañar las influencias del subconsciente profundo de la psique que dominan nuestro género es necesario rescatar las fuerzas invertidas en las cualificaciones egoístas y siniestras de la personalidad, así como aprender a usar el poder emocional con la maestría de la Luz. La segunda y la tercera parte del libro te pueden ayudar a hacerlo.

Cuando nos sentimos preparadas para abrazar la oscuridad del egoísmo de nuestra personalidad humana se presentan infinidad de circunstancias en las que nos vemos confrontadas por nuestra falta de compleción. Ahí empezamos a caminar por el sendero del aprendizaje y de la iniciación, unas más despacio y otras más rápidamente. Llegadas a este punto, y armadas con los vehículos de nuestra propia conciencia, nos dirigimos al seno de la oscuridad. La ferocidad con la que allí nos encontramos nunca es mayor de lo que podemos aguantar, por mucho que creamos que es insoportable, porque es nuestra propia energía volviendo a casa, es la humanidad llamando desde dentro.

El escenario varía según la persona y el nivel de conciencia que se esté probando. Para cada mujer es una historia totalmente distinta. Puede que se ponga a prueba nuestra paciencia si el patrón de nuestro egoísmo ha sido la impulsividad. Puede que necesitemos aprender a ceder y aceptar si hemos sido tercas y rígidas, o a confiar si hemos sido muy independientes. Tal vez el reto sea la espontaneidad si hemos sido calculadoras, la expresión física si la hemos reprimido... o cualquier combinación de todo ello. Las circunstancias consisten en pequeños tropiezos, tan normales que apenas les damos importancia hasta que surgen para causar una gran batalla.

No importa que *sepamos* algo si no somos capaces de *vivirlo.* Primero hay que incorporar el conocimiento y luego hay que sustentarlo, algo especialmente difícil, puesto que exige una enorme flexibilidad aprendida bajo las condiciones más improbables. En cada cambio de «gestalt» aprendemos a discriminar, a elegir con decisión y a actuar de manera impecable. Una y otra vez reconocemos la acción de la mano de Dios en la Creación, tanto en la oscuridad como en la luz que no proyecta sombra porque lo abraza todo. Cuando podamos distinguir lo verdadero de lo falso, el semblante de Dios *aquí,* en todo momento, a pesar de las apariencias, entonces habremos llegado a casa y las pruebas habrán acabado... por el momento.

Ejercicios

Los ejercicios que se sugieren a continuación exigen concentración y práctica. Puede que no resulten fáciles al principio, pues se necesita disciplina y estar dispuesta a percibir de forma diferente a la habitual. Requieren que nos olvidemos de quien creíamos ser para volver a descubrirnos.

1. La Sagrada Forma Femenina

Mientras te duchas o te bañas, o justo al acabar, dedica un tiempo a tocar y sentir tu cuerpo. Puedes empezar simplemente mirando y tocando una mano, un pie...

Deja a un lado los juicios que puedas tener y observa la forma y las distintas texturas de esa mano, ese pie... Acuérdate de que es la forma de la Madre y que en ella trabajan fuerzas espirituales y sagradas. Siéntete agradecida ante ella y cada parte del cuerpo que contemples.

Ahora, al tocarla, siente ese toque a nivel de la piel. Maravíllate ante la perfección y lo intrincado de esta creación. Pasa a su interior y siéntelo *siendo* tocado. Bendice ese pie, esa mano... todas y cada una de las partes de tu cuerpo. «Bendecir» quiere decir amar y apreciar cada parte de tu cuerpo por el servicio que te presta, por su belleza y perfección. También puedes pensar cómo te sirve cada parte de tu cuerpo y qué es lo que esa parte representa para el todo.

Estás percibiendo el cuerpo a través de los ojos de una madre, a la luz de la perfección del amor. Contempla la fuerza de ese amor para inspirar, transformar y exaltar el objeto de su afecto.

Siente lo que esa bendición produce en tu pie y en cada parte de tu cuerpo.

A continuación bendice todo el cuerpo y date cuenta de que la Madre siente lo mismo que tú sientes. Todo lo que tocas..., cada cosa que haces... es la actividad de la Madre en la tierra.

Reconoce el gran privilegio que supone encarnar la Sagrada Forma Femenina.

2. Cualidad Más Allá de la Forma

El objetivo principal de este ejercicio es aprender a distinguir la apariencia del contenido para al final poder integrarlos en ti misma de forma armoniosa.

Siéntete a ti misma. Hazlo de la forma que te resulte más natural. Simplemente siente lo que sientes sintiéndote.

Date cuenta de todo aquello en lo te quieras apoyar para definirte a ti misma, como puede ser la imagen que otra persona tenga de ti, circunstancias especiales, mirarte en el espejo... y trata de *no* usar ninguna de estas cosas. Sé simplemente tú como tú eres. Escribe tus sentimientos.

Ahora piensa en quién eres, lo cual significa que has de extender tu sentimiento para incluir la manera en que *piensas* que eres, y también que no eres. Defínete a ti misma.

Ten en cuenta lo que los otros dicen que eres o dejas de ser, lo que piensas que deberías ser o lo que dices que deberías ser... Haz una lista con estas consideraciones y opiniones.

Ahora para y mira tu imagen en el espejo, como si te estuvieras contemplando por primera vez, con imparcialidad.

Examina la cualidad que se encuentra tras la forma que estás viendo. Nota los sentimientos que hay en ella.

Reúne tus pensamientos, sentimientos e imágenes. ¿Qué eres?

¿Eres lo mismo por dentro que lo que aparentas ser por fuera? En otras palabras, ¿expresas o aparentas tener una cualidad cuando en realidad sientes otra?

Juega con estos ingredientes hasta que puedas ver en el espejo lo que sientes por dentro, sin ponerle ninguna etiqueta. Sé una, por dentro y por fuera.

3. Más Allá de la Dualidad, hacia la Unidad

Piensa en sentimientos opuestos, como esos con los que te encuentras en tu mundo cotidiano.

Date cuenta de cómo puedes pasar de la credulidad y la ingenuidad a la astucia y la sospecha.

Observa las cosas que te atraen y las que rechazas..., la mezcla de sentimientos de amor y odio hacia tus seres queridos..., las situaciones de luz y sombra en las que se combinan la alegría y el miedo, la seguridad y el peligro, la abundancia y la escasez, el entusiasmo y el aburrimiento...

Haz dos listas: una lista con las experiencias que

forman parte de tu vida, y otra con todo aquello que *no* sea parte de tu vida, sino que consideras parte de la experiencia de los *otros.*

Explora cada posibilidad, recordando y observando tus sentimientos, primero un extremo y luego el otro.

Ahora, en lugar de quedarte en el aspecto emocional y físico, cambia tu perspectiva y conviértete en un Ser que sabe, reconociendo conscientemente el poder de la fuente o presencia de Dios.

Permite que tu sentimiento espontáneo te proporcione la experiencia de unidad, y observa cómo no es ni un pensamiento ni una emoción, aunque seas consciente de ambas cosas.

Tampoco es una sensación física, sino que es algo que lo abarca todo.

Practica este cambio de posicionamiento como un requisito básico para todos los demás ejercicios y meditaciones.

Sé una parte, sé todo... Sé una parte, sé todo... Identifícate y *abandona* esa identificación con las distintas sensaciones de tu cuerpo, con tus sentimientos y con tus pensamientos mientras te permites experimentar los altibajos de la vida diaria sin dejarte llevar por ninguno de ellos.

4. Enraizarse y Centrarse

Vacía tu mente y siente que estás viviendo el momento puramente como un vacío en el interior de tu cuerpo.

Tu cuerpo siente sensaciones, pero parecen ser algo diferente de quien tú eres y de lo que tú eres. Puedes adquirir las propiedades de cualquier cosa que elijas, pues en el momento en que te identificas con algo, tomas sus cualidades.

Considera lo que podrías ser si no tuvieras esta forma física que te ancla y que contiene las sensaciones, los recuerdos y las impresiones que te rodean.

Ahora, de manera consciente, identifícate con la materia de tu cuerpo.

Siente la piel como si fuera la textura de la Tierra, y tu cuerpo como si fuera su densidad.

Nota la sensación de seguridad y solidez que esto te proporciona. La Conciencia de la Tierra es tu enraizamiento. Acentúa esta sensación al mismo tiempo que habitas tu cuerpo más plenamente.

Practica alejarte y luego fundirte con las sensaciones. Las sensaciones están asociadas con la materia y con el cuerpo de la Tierra. En lugar de esto, tú eres la inteligencia que da energía a esta forma.

El tiempo no existe aquí. Solo existe el presente, una sensación de inmensidad que también es expansiva. No hay prisa, no hay nada que hacer.

Contienes el tiempo y sus partes. Eres el acto acabado y la disposición para actuar.

Las sensaciones van y vienen. Observa cómo crecen y desaparecen, a la vez que surgen otras nuevas... Permite que esas oleadas pasen por ti, y que sus improntas sonoras se muevan y fluyan más allá de tu forma.

Expande tu cuerpo, y extiéndete, fúndete con la Tierra. Siente que no estás sola. Eres fuerte, cambiante y, sin embargo, inmortal, imperecedera.

Date cuenta del centro desde el que observas. Debería estar localizado en algún lugar físico definido. Si no es así y te sientes separada del cuerpo, ajústate de nuevo hasta que hagas coincidir tus centros de emoción y sensación.

Eres el todo en una parte, y esta parte también está completa.

5. Niveles de Realidad en el Mundo

Los efectos que produce tu presencia física, emocional y mental en el mundo son enormes. En este ejercicio vas a ver cómo te afecta el ambiente y también cómo lo afectas tú a él. Obsérvate en tu entorno habitual, física, emocional y mentalmente,.

a) Realidad física

Revisa un día típico en tu vida. Sé todo lo neutra que puedas.

Recuerda la manera exacta en que viviste ese día, mirando el exterior desde tu interior.

Observa cómo tus acciones y tu presencia física afectan a los demás. Ahora tómate un tiempo para ver aquello que, en su momento, tal vez te pasara desapercibido.

Puede que percibas oleadas de sentimiento-emoción y ondulaciones sensoriales que te llegan de otros. A unas personas les darás vitalidad, mientras que otras personas te la darán a ti.

Concéntrate solo en lo que *tú* estás sintiendo y notando.

Tal vez haya personas que se encogen en tu presencia. Este no es el momento de analizar el fenómeno. Simplemente toma nota de ello.

Date cuenta de tus propios cambios.

Tu cuerpo impone definición. ¿Cuál es tu impacto físico sobre los demás en este día?

¿Qué crees o, qué sientes que ellos ven y esperan de ti?

Ahora obsérvate de nuevo en tu mundo físico, pero esta vez hazlo mirando el interior desde el exterior de tu cuerpo, como si estuvieras viéndote en una película.

¿Qué ves ahora? ¿Qué sientes ahora?

Si se presenta algún juicio, repite el ejercicio varias veces hasta que te puedas ver a ti y a tu mundo como una configuración de flujos, reflujos y cualidades de movimiento.

b) Realidad emocional

Es fundamental que puedas distinguir entre lo que son las sensaciones del cuerpo y la actividad ondulante y fluctuante de las emociones.

Define el ambiente emocional típico que respiras cuando estás tú sola en tu propia energía.

Ahora observa los cambios de cualidad que se producen cuando piensas en alguien o en algo.

Observa los cambios en tu cualidad emocional cuando entras en contacto con la realidad tangible del mundo exterior en tu vida cotidiana.

Siente lo que ocurre cuando aparece un deseo o un recuerdo. Escoge alguna situación y date cuenta de tus expresiones veladas o manifiestas.

¿Cuántas de las cosas que percibes tienen relación directa contigo?

¿Cuáles se originan en ti?

¿Cuáles estás amplificando?

¿Cuáles estás proyectando, es decir, imaginando, sobre otra persona?

¿De dónde vienen los sentimientos?

¿Qué haces con ellos?
¿Dónde van?
¿Qué sentimientos prefieres?
¿Cómo serías sin estos sentimientos?
Al igual que hiciste con la observación física, continúa ahora percibiendo en la distancia.
Observa el poder real de tu fuerza emocional.
Finalmente, recupera el equilibrio enraizándote.

c) Realidad mental

Establece el entorno neutro de tu mente en calma y observa la diferencia que existe entre esto, la sensación física de tu cuerpo y la experiencia emocional de ti misma.

Compara el sentimiento producido por tu mente cuando está en calma con el que se produce cuando estás preocupada. Toma una «preocupación» no emocional, como por ejemplo un problema matemático o algo por el estilo.

Haz una lista de tus preocupaciones habituales. Colócalas por orden de importancia. Date cuenta de la carga que produce cada una por separado y cómo algunas de ellas alimentan a otras.

¿Cuántas se alimentan de emociones?

Observa la *cualidad* de tus pensamientos. ¿Cuáles son más significativos?

¿Son estos el tipo de pensamientos que quieres tener? Distingue los que te resultan cómodos de los que te resultan incómodos.

Ahora obsérvate en tu contacto diario con los otros, en tus conversaciones y evaluaciones, y escoge un momento en particular. ¿Qué dices? ¿Qué es lo que piensas y *no* dices?

Observa cómo reaccionan los otros a tus palabras... y a tus pensamientos.

Tus pensamientos se originan en distintos lugares y son básicamente de tres tipos:

- Pensamientos propios
- Pensamientos que provienen de otras personas
- Aquellas obligaciones, supersticiones o fobias grabadas en ti y que proceden de tus expectativas o de tus creencias sociales y culturales.

Sé consciente de cuántos pensamientos que creías tuyos eran *realmente* tuyos.

6. Resonancia Ambiental

Hasta ahora has visto la diferencia que existe entre la expresión física, la expresión mental y la emocional. Es importante que ahora hagas lo mismo vibratoriamente, viendo las distintas frecuencias y cómo juegan las energías en tu cuerpo y sobre él.

Los patrones de conducta responden a configuraciones energéticas. Si aprendes su funcionamiento podrás comprender y corregir tus respuestas ante las situaciones que se te presenten de manera más efectiva.

Puede que sientas cada relación como un sonido, una reverberación o una oscilación en tu cuerpo y en el campo energético que lo rodea. A veces estas perturbaciones afectarán una zona más que otra. En otras ocasiones las sentirás en todo tu cuerpo. Habrá momentos en que las percibas fuera o alrededor del cuerpo físico. Afina tu percepción consciente de este fenómeno.

Compara tu experiencia de distintos ambientes y entornos, tomando uno cada vez. Siéntete sintiendo, *relacionándote* con árboles, plantas, ríos, arroyos, la tierra...

En cada caso las armonías son diferentes.

Date cuenta de dónde hay desacuerdo y disonancia. ¿Qué produce esa sensación en tu energía?

Obsérvate junto con otros seres humanos. Su resonancia es distinta, más variable y más compleja que la de los ambientes. No te mezcles con ellos, sencillamente siente la interrelación de fuerzas.

Empieza con niños.

Luego continúa con amigos, tanto hombres como mujeres.

Pasa a tu lugar de trabajo, un supermercado, la peluquería, un bar, tu casa, una iglesia... etc.

¿Qué lugares y qué tipo de personas te hacen sentir pletórica?

¿Qué lugares y qué tipo de personas te apagan o te dejan sin energía?

Descubre por qué y cómo ciertas energías en concreto aumentan o disminuyen las tuyas.

Examina cuidadosamente cada sensación y sentimiento por separado, estudiándolos como si fueran datos objetivos.

Distingue entre distintos modos de relacionarse: armonioso, discordante, vital, emocional, intelectual, amistoso, conveniente, tranquilo, excitante, agresivo y sereno.

Finalmente decide con qué elementos, ingredientes y cualidades deseas llenar tu mundo.

7. Preferencias y Aversiones

Haz una lista de las cosas que te gustan colocándolas por orden de preferencia. Estudia los motivos que hay por detrás de estas preferencias, es decir, pregúntate por qué te gustan y cómo te sirven.

Haz lo mismo con las cosas que no te gustan. Pregúntate de qué forma te crean molestias o inconvenientes.

Observa cada atracción o repulsión por lo que es en sí misma: un suceso energético condicionado por la creencia, el hábito o alguna señal que se origina en otro lugar. Sé todo lo neutra que puedas.

Ahora prueba a invertir tus actitudes; más aún, cambia tus sentimientos.

Compara ambas experiencias.

De ahora en adelante comprueba y equilibra tus sentimientos. Vas a ver que la categorización de la experiencia se suaviza considerablemente.

8. El Poder de Cualificar

Este ejercicio es especialmente valioso para aprender a controlar el cuerpo emocional, para aprender a distanciarte a voluntad pero sin desconectarte del sentimiento.

Evoca la apariencia física, las expresiones emocionales, la disposición mental, las preferencias y manías de alguien querido..., sus gustos y, sobre todo, lo que esta persona despierta en ti: la forma en que te sientes cuando estás cerca de ella, cuando estás con ella o cuando esta persona no está...

Acuérdate de cómo la echas de menos cuando no se

encuentra contigo, y también el alivio que sientes cuando se ha ido y tienes espacio para ti.

Continúa enfocándote en cómo te *sientes*... Reconoce este sentimiento, *tu* sentimiento.

Ahora aléjate de tu sentimiento. Date cuenta de cuál es su cualidad. Entra y sal de este sentimiento a voluntad.

Sé consciente de todas las asociaciones que van unidas a este sentimiento, es decir, ¿te recuerda a alguien o a alguna cosa? ¿Trae consigo el recuerdo de una situación real o imaginaria?

Vuelve a observar a la persona querida, pero esta vez hazlo como si se tratara de un extraño.

Lo que te une a tus relaciones es tu manera de cualificar, un sentimiento de gratificación personal que para ti es relevante.

9. Discernimiento y Apreciación

Observa a las personas. Fíjate en esa gente desconocida que pasa ante ti.

Distingue lo que consideras sus puntos fuertes de sus limitaciones. Aunque creas que te lo estás inventando, date permiso para saberlo. No se trata de hacer un análisis sino más bien de hacer uso de tu intuición.

Sigue tus corazonadas como si se tratara de un juego, prestándoles solo la atención suficiente como para que no desaparezcan, pero no tanta para llegar a creértelas.

¿Puedes darte cuenta de cuando alguien es genuino, espontáneo o está a gusto consigo mismo? ¿Cómo es que lo sabes?

¿Puedes ver a alguien que te parezca falso, tenso, cohibido o pretencioso? ¿Qué te lleva a pensar así?

Ahora concéntrate en encontrar las cualidades inherentes a cada persona, lo que es *real* en ellos. ¿Cómo lo haces?

Finalmente, y por ninguna razón en especial, da las gracias a cada una de estas personas por ser quien son y por ofrecerte esta experiencia para descubrirte a ti misma.

10. Querer y Tener

Las personas quieren cosas, quieren una relación, un hijo... y muchas veces lo quieren por razones equivocadas: para sentirse completos, para encontrar un propósito... A medida que piensas en cualquiera de estos deseos, toma nota de tu propio razonamiento. Si tienes otro tipo de deseo, adáptalo al siguiente ejercicio como corresponda.

Crea la fantasía de algo que quieras para el futuro, como puede ser todo el proceso del cortejo, el romance, la pareja... o la concepción, el embarazo y el nacimiento (*o cualquier otro tipo de deseo que tengas).*

Vívelo en sus distintas etapas, que sea algo real. ¿Qué pensarán y qué dirán las personas? ¿Qué sientes y cómo te *sientes* con lo que ellos piensan y dicen?

Ahora examina tus motivos. ¿Es algo que sientes que *necesitas?* En este caso, siente la urgencia y el egocentrismo.

¿Es algo que te gustaría mucho? Si es así, siente lo importante y necesario que es para ti tener una relación, un hijo a una determinada edad, etc.

¿O tal vez este deseo viene causado por algún otro motivo? ¿Tal vez sientas una abundancia en tu interior para dar y compartir, un desbordamiento que no es ni urgente ni problemático? Instintivamente conoces el momento correcto y la acción correcta.

Si este ejercicio no es de tu agrado revisa el nivel de rechazo existente en los deseos ordinarios, especialmente en aquellos que implican compartir e intimidad.

Prueba a hacer lo mismo con tus objetivos profesionales, con el lugar que ocupas en el mundo, con los grupos a los que perteneces.

Estudia detenidamente las motivaciones y los sentimientos implicados en las imágenes que las rodean. Entiende que, de hecho, eres tú quien las crea, más aún, tú eres quien crea la cualidad del sentimiento que se encuentra por detrás de tu conducta.

Date cuenta de cómo tienes exactamente aquello que quieres. Observa cómo creas estas cosas automáticamente, como un estado único de ser y sentir.

¿Vas a por ello, y por tanto expandes y animas las condiciones en tu entorno?

¿O lo que haces es retirarte y atraer, de alguna forma contrayendo y trayendo hacia ti?

¿Cuándo pasas de una forma de tener a la otra?

Y, sobre todo, ¿puedes *dejar ir* aquello a lo que te atas?

¿Puedes darte permiso para recibir sin desear?

11. La Amistad: Abrazar y Recalificar

Evoca el amor que sientes por un amigo muy querido sintiendo la cualidad de este amor más que el objeto de tu sentimiento. Disfruta simplemente de amar por amar.

Piensa en la amistad real, una amistad que se siente como hermandad, y contempla cómo se manifiesta de manera concreta en tus circunstancias vitales.

Piensa en cómo quieres a alguien, incluso cuando esta persona no se quiere a sí misma, y cómo siempre estás ahí para él o para ella, en sus errores y en sus momentos de confusión.

Y ahora piensa en cómo ese amor vuelve a ti. ¿Dejas que te llegue? ¿Permites que esta persona también esté contigo en *tus* errores y momentos de confusión?

Vuélvete a enfocar en el sentimiento de amar por amar. Cultiva ese sentimiento y reprodúcelo a voluntad.

Practica sentirte aceptada y querida, hasta que esto se convierta en el aire mismo que respiras.

Practica amar a todo el mundo porque disfrutas haciéndolo y porque sientes tu propia totalidad envolviéndote.

Agradece a tu querido amigo o amiga el haberte enseñado el significado y sentimiento del amor en su expresión humana más elevada.

12. La Experiencia de Flexibilidad

Sensación y emoción son cosas muy distintas. La mente no produce ni sensación ni emoción, y sin embargo alimenta a las dos hasta el punto que resulta imposible distinguir una sensación, una emoción y un pensamiento.

Tus pensamientos determinan la cualidad de tus sentimientos, pero tus emociones colorean tus pensamientos. Date cuenta de que estás encerrada en un círculo vicioso, y, sobre todo, observa el patrón repetitivo de pensamiento que se encuentra tras la conducta obsesiva. Mientras que la emoción, es decir, un sentimiento, puede encontrar justificación en un pensamiento, el pensamiento sujeta y ata el sentimiento a una forma.

Elige un pensamiento obsesivo típico para poder estudiarlo.

Separa el sentimiento del pensamiento que lo acompaña. Para hacer esto deberás concentrarte solamente en el sentimiento como sensación. Al centrarte en él sin ponerle ninguna etiqueta serás capaz de contener el movimiento del sentimiento.

Permanece con él hasta que estés segura de que puedes mantenerlo con imparcialidad.

La cualidad de las ondas expansivas que sientas te hará saber cuándo te encuentras más allá de los pensamientos que alimentan y atan la emoción.

Ahora puedes cambiar la cualidad de los pensamientos adecuadamente. Esto lo haces determinando el nivel desde el que estás sintiendo. Este sentimiento ¿está conectado a una sensación física? ¿Dónde? ¿Cómo?

¿Qué es lo que lo produce? ¿Es algo que viene de fuera o acaso surge de tu propio mundo emocional?

Examina las respuestas automáticas que se produzcan.

Ahora *elige* lo que quieres sentir y los pensamientos que quieres tener.

Solo puedes pensar con claridad cuando te encuentras en el *estado de sentimiento adecuado*, si no lo que ocurre es que eludes y te manipulas a ti misma y a los demás. Practica el producir el estado de sentimiento adecuado hasta que puedas hacerlo instantáneamente.

13. La Empatía y el Cúmulo de Experiencias

Presta atención ahora al conjunto de recuerdos asociados a cierta gente. Piensa en alguien y luego siente la *cua-*

lidad del recuerdo que esta persona despierta en ti. Cada persona va a traer una cualidad única, incluso aunque las experiencias compartidas con ellas parezcan similares.

Repite esto con varias personas. Hay personas que emiten una cierta alegría, otras son simplemente deprimentes, algunas evocan un sentimiento agridulce, mientras que otras puede que emanen serenidad y tranquilidad. Asegúrate de basarte en el *sentimiento* que tienes de ellas y no en tus *conclusiones* mentales sobre ellas.

Date permiso para tomar cada cualidad de manera impersonal, aún en el caso de que ésta sea muy distinta de lo que te gustaría que esa persona tuviera.

Agradece a cada persona por haber tocado tu vida y por ofrecerte esta magnífica sustancia del recuerdo que ahora tú puedes usar.

Sé consciente de cómo estas experiencias y sus cualidades pasan a formar parte de ti como entendimiento, en empatía y compasión. *(Estas incluyen madre, padre, amigos, enemigos, maestros... incluso lugares, animales y cosas.)*

Observa cómo las usas y cómo podrías hacer un mejor uso de ellas en el futuro.

En realidad, si fuéramos capaces de conectar con lo que hicieron otros antes que nosotros, no necesitaríamos explorar cada experiencia directamente. Podemos aprender mucho del cúmulo de experiencias colectivas.

Te sorprenderás cuando llegues a *saber* por el simple hecho de *querer* saber.

14. El Reflejo Orgásmico y la Co-creación

Una vez que hayas conseguido distinguir clases de resonancia e intercambios energéticos desde la distancia y de forma invisible, obsérvate en compañía de alguien del sexo opuesto cuya energía vitaliza a la tuya.

Concéntrate en el reflejo orgásmico, es decir, la sensación física que se produce, los sentimientos emocionales que aparecen y el interés mental que se despierta.

No se trata de *crear* lo que a ti te gustaría ver o sentir, sino simplemente de observar cada tipo de pulsación que se produzca, su tono, cualidad, variabilidad y versatilidad.

Date cuenta de la orquestación particular que produces, y permite que se haga más profunda y que crezca a su manera.

Ahora, si ya tienes una pareja sexual, continúa explorando. Sé consciente de tu propia actividad en los distintos niveles mientras compartes la experiencia sexual. Observa a tu pareja, a ti misma y el campo de energía que creáis entre los dos.

Toma nota de las formas pensamiento que creáis conjuntamente y que lanzáis al mundo mediante el intercambio físico, mental o emocional, o mediante la afiliación profesional o a través de cualquier otro proyecto en común.

15. Intercambio de Perspectivas

Hombres y mujeres somos maestros los unos de los otros.

Pide a tu pareja que comparta contigo la forma en que ve la vida (*si no tienes pareja, pregúntale a un amigo).*

Deja que él vea la forma en que tú lo ves a él. (*Hacer esto supone un cambio enorme con respecto a inten-*

tar hacer que él encaje en tu molde o adaptarte tú a las expectativas que crees que el otro tiene de ti).

Ahora pídele permiso para entrar en su campo energético y concédeselo tú también a él.

Observa las distintas fuerzas implicadas, cómo te sientes, cómo te mueves, cómo piensas y actúas... Date cuenta de cómo se ve condicionado tu comportamiento por la forma y las polaridades del cuerpo.

Ábrete a la experiencia del otro más allá de las palabras.

Al sentir a otra persona en su centro más íntimo, y al sentir la forma en que percibe la realidad, vas a encontrar un lugar para todas y cada una de ellas en tu corazón insondable.

16. Dar o Tener

Imagínate una situación en la que te sientas contenta y satisfecha. Lo tienes todo: bienestar y confort, seguridad emocional y material, placer a todos los niveles, prestigio.

Date permiso para recrearte en lo que se siente al tener todas estas cosas y la seguridad que proporcionan. Saborea la sensación tanto tiempo como quieras.

Ahora sal de esa sensación y sentimiento de tener, y regresa a un estado de neutralidad y serenidad.

Coloca a otra persona en tu lugar. Elige a una persona específica y obsérvala ahora disfrutando de las mismas cosas de las que tú disfrutaste con anterioridad.

Imagina conscientemente que pones en tu lugar, en tu espacio, a una segunda y luego a una tercera persona..., todas ellas disfrutando con las mismas cosas, igual que tú hiciste.

Compara lo que sentiste al disfrutar esa experiencia para ti y lo que sientes cuando disfrutas la experiencia del deleite de otra persona.

17. Respuesta o Excitación

Observa tus sentimientos y sensaciones sexuales para estudiar qué es lo que los detona. Date cuenta de las ayudas, imágenes o sentimientos que necesitas para lograr estimulación y satisfacción sexual.

Separa pensamientos, sentimientos y sensaciones para descubrir cuáles son los aspectos que predominan.

Distingue entre lo que *sucede* espontáneamente y lo que *haces* para intensificar una experiencia o para producir un efecto.

Ahora *compara* esto con esas sensaciones y movimientos sutiles que detectas cuando te encuentras sola en un entorno natural.

Cierra los ojos y permite que los ritmos de la naturaleza te estimulen. Date permiso para sentirte respondiendo.

Permite que la energía se acumule en tu interior.

Simplemente, disfruta del placer de vivir la vida en todo tu cuerpo.

Date cuenta de la cualidad de tu energía y del enorme abanico de posibilidades de que dispones.

Explora tu relación con las energías que se despliegan en tu interior y a tu alrededor.

18. Convertirse en un Cáliz

Este ejercicio ha sido ideado para parejas heterosexuales pero puede ser adaptado a cualquier circunstancia que entrañe relaciones de amor entre las personas.

Cuando existe amor no hay casi nada que tú no harías para hacer feliz a la otra persona y para honrarla por el amor que evoca en ti.

Comienza con una oración. Céntrate en tu corazón y deja que se expanda y abrace a tu pareja como harías con tus brazos. Conviértete en un cáliz del que puedan beber tu amor.

Evoca lo que amas de esa persona, todas esas cosas que atesoras.

Une mentalmente tu vagina con tu corazón. La mayoría de las veces sentirás que ambos se conectan espontánea e instantáneamente.

Permite que la luz que sientes en tu corazón fluya desde la punta de tus senos hasta el corazón de tu pareja.

A medida que te vuelves más y más suave, más maleable, fúndete con la otra persona.

Ofrécele tu cuerpo por completo. Es decir, toda tu forma se ve implicada y se funde con ellos.

¡Trae lo divino a esta experiencia! Hacer el amor es una oración, es dar las gracias a Dios por la vida, por Ser, por tener una pareja tan maravillosa con la que compartirlo.

Los dos os convertís en un todo que fluye.

Cuando ellos se vacían en ti tú te vacías en su corazón.

Visualiza vuestros cuerpos envueltos en un manto de Luz.

Si podéis hacer esto juntos de manera consciente,

podéis ofreceros a Dios como una unidad, visualizándoos dentro de un globo de paz iridiscente.

Reza para que vuestras energías sean usadas para la sanación del mundo. Sabe que presencias angélicas se van a encargar de ello.

Acaba con una oración de gratitud.

19. Equilibrar la Luz y la Sombra: Integración

Haz una recapitulación de la secuencia de acontecimientos que tuvieron lugar en momentos duros de tu vida. Estudia tus reacciones y mira lo que la vida te estaba intentando enseñar, lo que aprendiste y lo que todavía te queda por aprender.

Durante un período de tiempo revisa cada noche tu reacción ante acontecimientos inesperados. Cambia tu forma automática de reaccionar por una respuesta consciente. Necesitarás ajustar los sentimientos a los pensamientos, y los pensamientos a los sentimientos.

Intenta vivir estas nuevas formas de actuar reconociendo cuidadosamente las áreas que necesitan trabajo. Trabaja un poco cada vez, cambiando aspectos en lugar de patrones de conducta completos.

Usa la introspección y, gradualmente, ve transfiriendo a tu actividad física los nuevos patrones de conducta que has desarrollado.

Cuando te veas confrontada por un impulso antiguo... *aguántalo*. Acumula esa energía y date cuenta de lo que sucede. Imagínate qué es lo que *podría* ocurrir si dirigieras esa energía de forma distinta.

Una alternativa diferente consiste en salirte de una situación emocionalmente turbulenta. Ofrece, eleva o sustituye tu reacción por una intención consciente.

En lugar de permitir que te invadan sentimientos de culpa o de auto-recriminación, o dar rienda suelta a tus pasiones, abraza tanto la luz como la oscuridad que hay en ti.

Sin disminuir tu energía, mueve la *cualidad* de esa energía sin reprimirla, condenarla o regodearte en ella, en otras palabras, usa el poder de la rabia, la conciencia expandida del miedo o la potente fuerza de la pasión como una fuerza totalmente neutra.

Trata la expansión envolvente de la inteligencia sentida como una *cosa,* es decir, sin separarla del mundo concreto. Es importante no congelar el flujo de energía en ninguna circunstancia mientras intentas equilibrar la luz y la sombra en tus actividades diarias.

Solo el coraje de ser y estar dispuesta a actuar puede liberar la plenitud de lo que tú eres.

20. La Maternidad

Si por alguna razón no puedes tener hijos o si no deseas tenerlos, el siguiente ejercicio puede resultar muy gratificante a nivel personal ya que libera formas de pensamiento útiles para el mundo.

En todo, excepto en el aspecto físico de la reproducción, la experiencia de la gestación y del nacimiento es muy similar a la de hacer el amor, co-crear e idealizar.

La maternidad física nos concede el privilegio de explorar la materialización de los deseos del corazón femenino. Esta experiencia marca la realización de las mujeres a nivel físico y combina toda forma posible de relacionarse con los elementos y cualidades de la Naturaleza.

Sé consciente de tus instintos maternales en relación a la vida y al mundo. Todas las mujeres los tienen: identifica cómo se expresan *los tuyos.*

Ten cuidado de no imponer descripciones culturales; en lugar de ello, descubre las formas en que respondes naturalmente a los procesos de la vida en los que buscas abrazar, sanar, inspirar y preservar la delicada santidad de la vida en todos sus aspectos: con las personas, los niños, los animales, las plantas, la vida mineral... en ecología, política, educación...

Intensifica tus sentimientos hasta llegar a envolver a la persona, lugar o cosa, y expande e intensifica ese instinto hasta que des cabida a todos los sentimientos posibles en ti.

Observa qué es lo que te sientes inclinada a hacer.

Elabora la fantasía mientras aceleras y aumentas esos impulsos naturales. Observa hasta dónde llegas en eso que tu corazón desea.

Luego haz una pausa.

Utiliza la inteligencia natural del corazón para descubrir lo que *puedes* hacer.

Reconsidera cómo puedes mejorar el mundo de hoy.

Y ahora, hazlo.

21. Creaciones de Protección y Curación

No confundas cuidar o tomar algo bajo tu cuidado, (en ambos casos tu propia sustancia se proyecta en la forma), con preocuparte por algo o por alguien. Esta última conducta está llena de miedo y tensión y da nacimiento a formas que se encuentran ligadas físicamente al individuo.

Tú siempre proteges y curas las formas de la vida, lo único que tienes que hacer es observar cómo lo haces.

Mira qué es lo que haces para defender, para proteger o para inspirar a alguien. Observa tus pensamientos y la calidad de tus sentimientos.

Resiste los miedos y las limitaciones de tu personalidad que pudieran hacerte dar energía a la debilidad.

Ahora piensa en formas de proteger y sanar.

Concédete todo el tiempo que necesites para formular cuidadosamente una forma de pensamiento. Dale fuerza dotándola de sentimiento de la cualidad más elevada.

Concentra o condensa el pensamiento y el sentimiento en tu corazón. Date cuenta de que en lugar de ser algo emocional es pura inteligencia.

Para adaptarlo a las necesidades de la tercera dimensión tendrás que disminuir su frecuencia. Cuando exploras el mundo del sentimiento que conduce a la experiencia de la virtud o de los valores superiores, la experiencia del conjunto cuerpo-mente-sentimiento es de exaltación vibratoria o de Luz. Para algunas personas esta experiencia es similar a una sensación de cuerpo expandido de un sonido agudo. Para regresar de este estado, como ocurre al regresar de algunos estados meditativos, se baja la frecuencia (se densifica) colocando el foco de atención en la sensación del cuerpo, ya que el cuerpo físico actúa como un neutralizador. Otra forma de acentuar la densidad física, o el proceso de densificación, es a través de ciertos tipos de respiración o movimiento que involucran al propio cuerpo. Así pues, dota a la forma de pensamiento de tu experiencia física, lo cual significa incorporarla, unirla al cuerpo literalmente, como si te la estuvieras poniendo como una prenda de ropa.

Nota, siente y observa la consecuencia de tu deseo hecho manifiesto en tu propia experiencia.

Lleva esto un paso más allá a tu meditación silenciosa. Allí será cargado con sustancia del alma mientras tú elevas y liberas ese deseo al mundo.

22. Visualización

Estos dos últimos ejercicios, aunque también incluyen el uso de las facultades espirituales evocadas mediante la visualización, son dos prácticas fundamentales para toda mujer.

a) Aclaración y limpieza

Ofrece tus actos a Dios y a Su expresión como la Madre. Antes de entrar en el oscuro vientre de la noche, da gracias a la vida por todas las experiencias de ese día, sin importar cómo las hayas catalogado.

Crea una oración que puedas decir cada noche sabiendo que todo aquello que tengas en la mente cuando entres en el sueño será lo que te lleves contigo a las dimensiones superiores y a lo que darás energía. Así, será Luz de la más pura calidad lo que te llene y lo que vuelva contigo a tu mundo por la mañana.

Al final del día reúne la energía relacionada con esas imágenes que vuelven a tu mente una y otra vez o aquellos temas que todavía estén por resolver.

Visualiza un sol dorado radiante en la zona del estómago, entre el diafragma y la barriga, absorbiendo todo esto. Observa y siente este disco dorado girando, soltando y absorbiendo toda incomodidad y toda pesadez, especialmente el miedo y la rabia.

Puedes mandar el disco a la tierra o puedes visualizarte entregándoselo a alguna presencia angélica para que lo reabsorba, cambie su cualidad y elimine sus contenidos.

Ahora visualiza en ese mismo lugar otro sol radiante de color blanco-dorado, ocupando el espacio en que se encontraba el miedo.

Pide que el día siguiente te permita saber y ser cada vez más tú misma.

Antes de quedarte dormida construye las formas pensamiento de lo que necesites para el día siguiente: tal vez se trate de una entrevista superada con éxito, la curación de un amigo, la finalización de un proyecto...

b) Bendición

En tu práctica de meditación habitual, después de que hayas establecido el espacio, creado el alineamiento, invocado, generado, circulado y hecho las llamadas necesarias... reserva un tiempo para experimentar el silencio, para sentir sin contenido.

Desde la plenitud que tú eres, envía océanos y océanos y océanos de amor al mundo. Recuerda que el Amor no es una *emoción*, sino un *estado de Ser.*

Puedes visualizar este estado como si estuvieras soltando palomas de color rosa, o globos en forma de corazón, o energía vaporosa, o cualquier otra forma que se te ocurra... expandiéndose hasta el infinito.

También te puedes concentrar en un lugar en particular de la Tierra que necesite Amor.

Te darás cuenta de que al hacer esto vas a sentirte recargada.

Otra alternativa es la siguiente:

Encuentra un lugar tranquilo y discreto en medio de un grupo de gente. Puede ser en una montaña, en una gran pradera, una catedral o en una concentración de personas.

De manera impersonal e imperceptiblemente, abraza a todas esas personas deseándoles lo mejor, pidiendo que reciban la ayuda, la guía, la inspiración y el ánimo que necesiten en ese momento.

Asegúrate de que nadie se da cuenta de lo que haces y de que no se lo dices a nadie.

Este ejercicio final hace que tu humanidad y la totalidad de ti misma se identifiquen con los dos arquetipos básicos que residen en cada mujer.

23. Transmutación: Curación de la Herida de la Magdalena

A pesar de su entrenamiento, la Magdalena sufrió amargamente a los pies de la cruz y lloró con gran desconsuelo. La erupción de sus emociones fue ese «fallo» tan humano a la hora de dejar las emociones a un lado. Ésta es la «Herida de la Magdalena», el grito de muerte, como impulso, que surge de las entrañas de la Tierra cuando siente a sus hijos sufriendo, cuando parece que nada tiene sentido porque el amor que daba un sentido a nuestra vida ya no está. Aunque sea temporal, la experiencia es de profunda agonía emocional.

Haz una introspección, revisa tu vida e identifica el dolor emocional más grande que hayas tenido.

Date cuenta de todos los sentimientos y pensamientos que van asociados a él.

¿Dónde o cómo sientes que «fallaste»? ¿En qué forma no estuviste a la altura de ti misma? ¿Cómo perdiste tu dignidad o el propósito?

Observa las circunstancias y las personas implicadas.

Recuerda otras escenas de angustia similares y toma nota de tus acciones y reacciones...

Al mirar a tu alrededor... ¿ves a alguien que se sintiera confundido o herido por ti en ese momento?

¿Cómo se vieron afectadas las personas por tu conducta?

Permítete recordar esa mezcla de culpa y de anhelo... de que las cosas hubieran sido diferentes.

Mantén ese sentimiento y deja que se acumule en tu corazón.

No hay nada que hacer, solo sentir.

Permite que las asociaciones inunden tu mente incluso aunque no estén conectadas contigo directamente: escenas de gran injusticia, de guerra y hambruna, de desastres naturales que rompieron tu corazón, tanto más porque no pudiste hacer nada acerca de ello.

Siente la pena por cosas inimaginables, no contadas, cosas sin acabar, secretos, momentos de vergüenza y remordimiento que las mujeres hemos compartido a través de los siglos.

«¡Oh, si tan solo...!»

Siente el peso en tu corazón.

¡Tienes tantas ganas de acercarte, sanar y cambiarlo todo! ¡La esperanza nunca muere! Has encontrado el lugar de la Herida de la Magdalena, un profundo dolor que nada ni nadie puede disipar.

No hay nada que te pueda hacer olvidar, nada que pueda llenar ese espacio.

Es la impotencia pura, una impotencia que pesa en

el corazón y hace que este gire y gire hundiéndose en un pozo sin fondo e infinito...

Ahora mira más allá de ti misma. *Tú* conoces el lugar. Eleva tu oración, más y más y más alto. Levanta los brazos y lleva los sentimientos arriba, como si volaras hacia el cielo, la posibilidad infinita que sabes que existe sin saber cómo lo sabes.

Desea con todo tu corazón que se arregle todo aquello que ha causado sufrimiento en el mundo.

Siente a la Madre abrazándote, igual que la Madre María abrazó a la Magdalena a los pies de la cruz, incluso mientras su propio hijo estaba sufriendo.

Siente la presencia del puro amor.

Eres tanto la Magdalena como la Madre.

Mira y siente cómo billones y billones de minúsculas partículas de Luz van bajando hacia ti, como nieve dorada flotando en el espacio, cayendo sobre ti como un néctar de dulzura dorada, absorbiendo la densidad y la oscuridad.

Tus lágrimas se convierten en lágrimas de gratitud porque tu corazón puede contenerlo todo.

Siéntete amada. Siéntete segura. Todo es como siempre ha sido y siempre será.

Tercera parte

EMPODERAMIENTO Y APLICACIÓN

La Apertura es la Recompensa

Madre,
llegas tan suavemente que apenas si noto
tu centelleante brillo de ternura.
Silenciosa, invisible,
nunca imponiendo, siempre abrazando.

Me envuelves con tu aliento
y me inundas con tu dulcísimo sonido,
presencia en mi vacío,
certeza que me saca de la oscuridad y la desesperación.

Madre querida,
traes seguridad y valor,
en profundidad y elevación,
en ausencia y plenitud,
en todas partes,
eterno vientre de Todo Lo Que Es.

Como Binah
en dignidad y Verdad
revelas a la expiatoria Eva,
la gloria de Lilith previa al miedo,
pureza y totalidad que en su negrura
contienen la semilla de la Luz.

Y ahora sé
que soy tu hija
y todos los hijos del futuro
que vuelven a casa enteros,
plenos de belleza y confianza inquebrantable.

Tu sagrada forma en esta bendita, bendita Tierra.

En el Corazón del Mundo

Al expresarse en el mundo las mujeres deben dominar tanto las características masculinas como las femeninas. El estado activo o positivo requiere que usemos y manejemos la fuerza, es decir, que iniciemos, dirijamos, guiemos, creemos y llevemos a cabo nuestras tareas habituales. El estado negativo o receptivo demanda conexión, flujo y respuesta para sincronizarnos con las fuerzas, los ritmos y las dinámicas interiores. Por muy eficientes, intelectuales o políticas que seamos siempre seremos mujeres ejecutando tareas consideradas predominantemente masculinas. E inversamente, cuando desempeñamos funciones femeninas, lo hacemos de una forma cualitativamente distinta a la de los hombres que realizan la misma tarea.

El poder y el grado de conciencia son atributos del espíritu; la forma y la cualidad se aplican a la encarnación y al género. Espiritualmente, hombres y mujeres son iguales y consistentes a lo largo de la cadena evolutiva individual. Sin embargo, en nuestros cuerpos físicos somos diferentes y mutables, alternando géneros, razas y muchas otras características. La gama que presentan los distintos tonos de género y frecuencias del alma ofrece un amplio espectro de combinaciones y posibilidades de experiencia.

La encarnación está teñida por el colorido de las tonalidades del alma (implicada pero no siempre visible). En una mujer puede encontrarse una cualidad fuerte, fogosa y poderosa, rasgos usualmente masculinos, aunque no muestre estas características abiertamente. Un hombre puede presentar una ternura y una receptividad emocional exquisitas, características normalmente femeninas, y aún así ser masculino en su expresión en el mundo. La expresión externa sirve para sumarse a la irradiación del alma.

Tomemos a Jesús como un ejemplo de cualidad de alma, Él que encarnó como hombre en un mundo gobernado por hombres. Se dice que era tan bello y magnético que no solo las mujeres se sentían cautivadas por él sino también los hombres. Él incorporaba cualidades anímicas que en aquellos tiempos eran consideradas como valores esencialmente femeninos en la Tierra, pero lo hacía a través de una polaridad masculina. Del mismo modo, la sensibilidad de San Francisco de Asís, la mente llena de tacto e integradora de Gandhi y el Buda mostraron características del alma típicamente atribuidas a las mujeres.

No es tan fácil, sin embargo, comprender y aceptar los valores intrínsecamente masculinos cuando se ven reflejados a través de una mujer. Juana de Arco, Ayesha, la mujer guerrera de Mahoma y Hatshepsut, una mujer apasionada que amaba profundamente mientras gobernaba como faraona, son ejemplos de este fenómeno. Para la mujer no resulta sencillo mostrar su fuerza y capacidad de liderazgo sin ser tachada de masculina. Estaba bien visto en la Madre Teresa porque su campo de acción era el de cuidar a los otros, al igual que ocurre con otras mujeres destacadas en los campos de la ecología, la educación y los derechos de la mujer. No obstante, no hay más que ver las críticas lanzadas a Margaret Thatcher, Madeleine Albright, Hillary Clinton y Angela Merkel para darse cuenta de esta diferencia.

En cada generación las mujeres luchan por dejar su huella, y hoy más que nunca ésta es la regla y no la excepción, pues abundan los ejemplos de mujeres maravillosas. Solo podemos preguntarnos cómo serían hoy en día la Magdalena o María la Madre de Jesús. Puede que fueran una mezcla de Florence Nightingale, Indira Gandhi, un ama de casa y Mother Meera. Necesitamos tomar un poco de cada mujer notable, incluyendo a Brigitte Bardot y su pasión por salvar animales, las agallas y la tenacidad de Catherine Hepburn, la dedicación y la perseverancia de la Madre Teresa, el amor inagotable de Amma, y las capacidades organizativas de Golda Meir. Una mujer incorpora de forma exquisita la perfección electrizante de la fuerza y la ejecución material, pero también transmite algo más, una fragancia que afecta a todo pero que permanece invisible y desconocida en su esencia.

En pocas palabras, a través del acceso intuitivo a la mente superior, las mujeres equilibramos y complementamos el sentimiento con la actividad inteligente de una manera que también es *emocionalmente eficiente.* La Gran Madre se expresa con tanta ferocidad como ternura e inteligencia, con una aguda percepción del futuro. Es visionaria, considerada e igualitaria. Es libertad. Es abundancia y conocimiento reales. Sus habilidades se corresponden con sus recursos y su extensión se corresponde con su anchura y profundidad. Vive y genera la magia y la majestad estrellada del Creador como la forma de puro Amor *en el mundo*: universal, cósmico, eterno y terrenal.

En Oriente el camino de la mujer está unido al poder de la luna más que al del sol. El Taoísmo lo denomina «el Camino del Agua», denotando así el poder femenino del continuo fluir del agua que, inevitablemente, supera a la fuerza bruta de la piedra. De manera similar la luna, con su actividad magnética que inunda todo, satura, dilata y vuelve a moldear las entrañas de la Tierra en la oscuridad de la noche, trayendo la muerte para que así pueda tener lugar el renacimiento y la renovación.

La luna es oscura y fría, como la Madre. El sol es brillante y caliente, como el Padre. Resulta curioso, sin embargo, que aunque ambos sean iguales en su totalidad, la luna dependa de la luz del sol. Esa es su *manera*, igual que la del sol es brillar y proyectar de forma imparcial. La luna no tiene luz propia sino que absorbe y refleja la luz del sol y la transforma, *alterando la cualidad de la luz misma,* para que la humanidad pueda alimentarse de ella. Igual que el sol nos da vida eléctricamente, así la luna mezcla y proyecta sus filamentos magnéticamente a los mundos inferiores y a la vida material.

La Madre nos viste con las ropas de la luna como sustancia sagrada y espiritual para que podamos jugar al juego de la creación. Maneja los elementos de su dominio para que podamos aprender la maestría y el dominio como mujeres, y para que, desde el interior, despertemos el corazón de nuestros compañeros hombres. En silencio y con serenidad, nos fundimos con la Madre por ser nuestro derecho de nacimiento encarnado para luego colaborar y fusionarnos con la fuerza de Cristo. Juntos expresamos el Amor de Dios, el poder y la autoridad sobre el cuerpo de la humanidad y la textura de las generaciones venideras.

Pero lo primero que tenemos que hacer como mujeres que somos es entrar, atravesar y traspasar la oscuridad de la noche que alberga la luz en el corazón del mundo, igual que Ella hace. Tenemos que regresar al vientre para encontrarla. Debemos arar y regar la tierra para que más tarde, cuando la paciencia esté a punto de agotarse, podamos ver florecer las flores, en justicia y perfección divinas. Y entonces, en el momento justo y con la conciencia adecuada, seguimos su perfume hasta el cielo y allí, en la luz-Amor así percibida, participamos junto a ella en el nacimiento de las estrellas y los soles y millones de lunas... ¡como Luz sobre luz! Y las estrellas y las lunas y un billón de soles cantan en éxtasis a través del eterno y expansivo surgir de toda vida.

Las prácticas guiadas de esta última sección nos ayudan a abrazar en nuestro interior la experiencia de integración de las fuerzas divinas, cósmicas y planetarias, así como los aspectos de expresión masculina y femenina, conduciéndonos directamente ante las fuerzas en la materia, el sentimiento y el pensamiento. Estas prácticas entrenan y desarrollan la percepción, el foco y el manejo de energías para poder evocar, sustentar y aplicar frecuencias energéticas en nuestro mundo.

Estos atributos no siempre están integrados, razón por la cual la alquimia tradicional y la alta magia son facultades comunes en el Hombre iluminado, mientras que en la alquimia y en la concepción divinas contemplamos la conciencia asociada a la Mujer realizada.

1. Mi Cuerpo, el Todo

En el mundo tridimensional de la experiencia la personalidad manifiesta necesidades para llegar a dominar la vitalidad en todas sus formas. Al igual que un hombre necesita a una mujer (amante, madre, maestra...) para encontrarse a sí mismo emocionalmente, una mujer necesita a un hombre (amante, padre, maestro...) para definirse a sí misma en el mundo físico. Así es como aprendemos a colaborar.

Solo puedes ser lo que tú eres. Cuando un hombre se da permiso para abrazar su instinto masculino para la conquista y el dominio físico sin que exista explotación alguna, da cabida a lo femenino en él porque conoce y se siente seguro en su propio poder. Pleno de fuerza, tiene también el poder de ser vulnerable (femenino) sin que su identidad se vea amenazada. Su cuerpo sabe lo que es ser guardián de la Tierra, el padre de la humanidad y las generaciones futuras e, instintivamente, sabe lo que es gobernar y establecer normas, preservar y abrir caminos. La memoria celular es su guía.

Cuando una mujer se atreve a abrazar su vulnerabilidad, su apertura ante la vida y la existencia; cuando se atreve a abrazar su vientre, su cuerpo y sus emociones en contacto con la Tierra; cuando hace un uso consciente de sus poderes de seducción y magnetismo atractivo, para incluir y sentir la magia intuitiva que se produce en su interior como receptividad y como procesamiento de las energías de la vida, entonces esa mujer, invariablemente, accede a su potencia como fuerza, su fuente masculina. Su cuerpo sabe lo que es ser madre, amante, educadora, y lo sabe de manera natural y perfecta. La memoria celular es su maestra.

Ahora, veamos cómo podemos mantener un diálogo serio y sincero con nuestros cuerpos como mujeres. Deberías pasar al menos todo un día meditando en la siguiente práctica.

Toda tu forma corporal es tu ancla. No necesitas visualizar raíces descendiendo a la tierra. Tu cuerpo entero es la Tierra.

Siente tu cuerpo como un todo, incluyendo peso y densidad, volumen y cualidad.

Siente lo que quiere hacer y lo que quiere ser, lo que dice y lo que siente. Evita toda interpretación emocional y quédate con la sensación del cuerpo.

Siente sus ritmos: cuándo se quiere mover y cómo quiere hacerlo, cuándo quiere descansar.

Siente la pulsación de sus partes y distingue esas partes de la frecuencia que tiene el todo como un organismo.

Descubre cómo te *relacionas* con tu cuerpo a través de tus pensamientos y sentimientos, de tus deseos e impulsos...

Observa y siente con neutralidad todos los impulsos (buenos y no tan buenos) que se generan en tu interior.

Siente la gracia de la propia Tierra que todo lo perdona mientras envuelve con su amor todas esas sensaciones y sentimientos, sin reprimirlos. Son tuyos, son tus hijos.

Ahora siente las distintas texturas y elementos dentro de tu cuerpo, el juego del peso y el movimiento.

Los ángulos y espacios formados por tus huesos, los músculos y la carne.

Las órbitas trazadas por la vida de tus órganos.

Intúyelo, todo ello, dándote forma, volumen y cualidades de energías. *(A través de la visión y del sentimiento interior puedes percibir distintos colores, tonos, densidades, movimientos...)*

Toda la Naturaleza, sus estados y sus ciclos, sus estaciones y cada gesto suyo, como la lluvia, el viento, el sol y la tierra... su apasionada intensidad como tormenta y su serenidad como claridad... su tranquilidad y su anhelo de esperanza...

Sé el planeta Tierra. Préstale tu vida, tu amor, tu sentimiento, tu sensación.

Y ahora bendice la Tierra como solo tú puedes hacerlo, como solo la Madre puede hacerlo, y dale las gracias por el servicio que te presta.

Tu Conciencia ilumina todo. Ahora hay billones y billones de soles diminutos de todos los colores, formas y circuitos dentro de ti. Hablan del Padre Sol y de la Madre Luna. Conocen la historia de la Creación y de la vida.

¡Ahora aumenta, intensifica y convierte ese amor en éxtasis!

Permanece en este universo maravilloso, sintiendo una admiración orgullosa, y sin embargo humilde, por la belleza y el tesoro de la Creación, una creación que es parte y que está aparte de ti.

a) La casa

La mujer es la Tierra pero esto no significa que siempre esté enraizada. De hecho, la mayoría de las mujeres tienen miedo de su poder y el plus de sensibilidad que les confiere. Por tanto, evitan la plenitud de la experiencia que su cuerpo les otorga, se evaden con facilidad, o se ponen histéricas y se engañan a cada paso. La mujer necesita tocar y ser tocada. Cuando nos podemos definir físicamente nos volvemos tan sólidas como la Tierra.

En la vida diaria nos encanta ocuparnos del detalle. Nos gustan las cosas. Incluso aunque no seamos el tipo de mujer que se interesa por la moda, o que se preocupe mucho por su apariencia física, siempre tenemos un área en la que concentramos nuestro aprecio por la forma. Puede que sean los caballos, la horticultura, las antigüedades, una colección de cajitas, o incluso la forma en que arreglemos nuestros cajones o pongamos la mesa. Podría ser cualquiera de estas cosas aquella a la que concedemos un valor inmenso.

Muchas veces también tratamos como cosas las partes de nuestro cuerpo (uñas, pelo...), o las de nuestro amante, o incluso las de nuestro bebé. Esto no supone en absoluto menospreciarlas, más bien al contrario, pues exaltamos al máximo la belleza suprema. Con nuestra sensualidad natural nos maravillamos ante la forma, el color, las texturas... esta vez junto con la fascinación que sentimos por la forma, una forma que, por supuesto, inconscientemente sentimos que no tenemos.

Esta meditación guiada está pensada para la casa, pero puedes cambiarla y usarla como mejor te parezca. Haz ahora de manera consciente aquello que sueles hacer de forma natural, recreándote en el juego de texturas, el color y las líneas, para enraizarte a medida que vas embelleciendo tu entorno.

Esta es una meditación que se hace de pie, caminando, tocando y señalando distintos objetos de la casa.

Siente el peso y el volumen de tu cuerpo mientras vas caminando por la casa.

Ajusta tu forma de caminar hasta que llegues a sentir toda la planta de los pies apoyándose en el suelo (*o la tierra)*, y tu cuerpo como un todo. Al hacerlo puede que notes que un lado del cuerpo es más pesado, o que hay un corte entre la cintura y el vientre.

A la vez que vas haciendo esto y vas repasando tu cuerpo, reconoce la forma en que la mente redistribuye el sentido de masa dentro de tu propio cuerpo. (Cuando ocupas los espacios más ligeros o vacíos con la mente, automáticamente se vuelven más densos y más pesados. Se produce un cierto equilibrio que te lleva, finalmente, a ocupar todo tu cuerpo por igual.)

Ahora, detente y siente los pies en contacto con el suelo. Siente la energía de la Tierra, el cuerpo de la Madre, respirando, pulsando... y resonando con tu propio cuerpo.

Siente la energía de la Tierra subiendo por tus piernas; llévala hasta la zona del vientre.

Sintonízate con el cielo ahora, y siente cómo desciende la energía. La cualidad es muy diferente.

Trae la energía del cielo, que sientes como luz, pasándola por la cabeza, llenando la cabeza de luz, y llevando esta luz a tu corazón.

Ahora puedes sentir dos cualidades bien diferenciadas: la energía de la Tierra concentrada en tu barriga y la energía cósmica concentrada en tu corazón. Mantente así durante unos minutos y presta atención a cada una de ellas, mientras defines tu conexión con la fuente encima de ti y la fuente que tienes debajo.

Conviértete en un pasaje de energías.

Abre los brazos y deja que esas dos energías se entremezclen y salgan hacia fuera a través de tus manos.

Ahora, vuelve a caminar y examina el espacio en el que vives, las cosas que lo llenan.

Deja que afloren tus sentimientos. Puede que veas algo viejo y gastado que fue muy bonito en su momento y que te brindó gran placer.

Puede que veas algo que has guardado fielmente pero que nunca te ha gustado mucho.

Puede que te encuentres con objetos que están muertos porque nunca les has prestado atención.

Ahora deseas honrar a todos y cada uno de ellos. Confiéreles la energía que *tú* quieres que tengan en tu casa.

Coge un objeto, cualquier objeto, y deja que fluya tu aprecio por él a través del sentido del tacto.

Siéntelo con las puntas de los dedos, con toda la mano... llévalo hasta la mejilla, si así lo deseas.

Siente ahora cómo tu energía va subiendo desde la barriga hasta unirse al corazón y, cómo desde allí sale por las manos y por la punta de los dedos.

Sé consciente de este flujo e intensifícalo conscientemente, sintiendo que estás inundando este objeto con reconocimiento.

Coge más y más objetos e impregna cada uno de ellos con tu sentimiento personal.

Encuentra algo bonito en todo, incluso en las piezas más feas o las piezas sin vida de las que nunca te pudiste deshacer...

Llena todas las habitaciones de tu casa cambiando la cualidad de cada cosa que allí se encuentra. Al tocarlas, date cuenta de cómo tu energía penetra en los objetos. Puedes visualizar esta energía como polvo de estrellas o como rayos de luz con motas de polvo... motitas de color rosa y dorado.

Sé consciente de que eres un vehículo que cualifica, ya que la energía sube desde la tierra y baja del cielo pasando a través de ti, y adquiriendo cada vez la cualidad que tú deseas.

Toca... acaricia las cosas en tu casa hasta que las veas brillar... Cada pieza brilla y tú también brillas, amplificando el deleite de tu corazón ¡hasta convertirte en una presencia solar allí!

Ahora haz lo mismo con las paredes y el suelo, con las grandes superficies...

En el caso de aquellos lugares que no se encuentren a tu alcance, hazles llegar esta energía a través de la punta de tus dedos o a través de tus ojos.

Observa el techo, los libros, la estantería, los armarios... Todo se encuentra cubierto con los rayos de luz que estás emitiendo.

Cualifica toda tu casa como un lugar donde mora la luz, un templo merecedor de una sacerdotisa de Dios... un lugar de descanso y gracia sanadora para toda persona que pase por allí.

Acostúmbrate a hacer esto cuando limpies o cuando llegues a casa. Regresa a casa.

También puedes hacer lo siguiente:

Mientras cocinas puedes cargar la comida que preparas.

Mientras comes puedes ver la luz en cada trozo de comida.

Mientras te duchas, envuelve tu cuerpo en una luz líquida dorada, rosa, azul o verde.

Mientras te das un baño, sumerge tu cuerpo en una bañera llena de agua de color violeta o azul...

Donde quiera que vayas toca *la vida* con reverencia, impartiéndole tu cualidad, para que todas las cosas, animadas o inanimadas, puedan revelar la luz.

Sabe que así es, siéntelo, conviértete en ello, y así será.

b) La consagración del templo de mi cuerpo físico

Crea el hábito de comulgar con tu cuerpo y con sus partes para que siempre que haya algo inarmónico en él puedas ocuparte de ello inmediatamente, antes de que se convierta en una enfermedad. A medida que vas aprendiendo a decodificar su lenguaje también podrás perci-

bir el malestar de los otros antes de que se convierta en enfermedad, especialmente en tus hijos. Enséñales a curarse a sí mismos.

Por la noche, antes de irte a dormir, mientras das las gracias por la vida y por las experiencias vividas en ese día, dedica unos minutos a cada órgano y cada parte de tu cuerpo. *(Tu cuerpo se encuentra bajo el cuidado de la inteligencia arcangélica pero responde favorablemente cuando te diriges a él en su propio lenguaje: el lenguaje del amor y la luz.)*

Comienza por tus pies. Visualízalos llenos de una luz blanca chispeante. Puede que quieras consagrarlos colocando en la planta de cada pie una cruz dentro de un círculo, o una estrella, preferiblemente una de ocho puntas.

Continúa con tus piernas, recorriendo cada parte: las pantorrillas, las rodillas y los muslos.

Cada parte tiene algo que decir. (*Las pantorrillas representan tu potencial, las rodillas el poder sustentador, y los muslos tu capacidad de resistencia.*) Ama y da las gracias a cada una de ellas.

Pasa ahora al área de la pelvis, siéntela sujetando el tronco del cuerpo. Siente la entrada de la vagina al útero. Entra en su profundidad, como si fuera una caverna sagrada.

Con reverencia, visualiza ahí una vela. Reza para que su luz blanca purifique y cure toda materia y sustancia.

Observa las tonalidades que aparecen con esa luz blanca. (*Asegúrate de que la luz llega a todos los rincones. Siente y contempla las paredes del útero brillando con un sanador tono* violeta, *continuando con un* rosa o un dorado.) Extiende esa actividad hasta incluir el tracto intestinal.

Pasado un rato notarás que una espuma de un centelleante rosa dorado comienza a extenderse desde el centro de cada partícula atómica. Mira cómo crece y absorbe toda negatividad, toda toxicidad.

Llénate con esta luz, ahora de un color lavanda mezclado con un rosa dorado, mientras va consumiendo y dotando de una nueva cualidad a la pelvis y los intestinos, irradiando a través de toda la pelvis, alcanzando los ovarios y subiendo por los intestinos, extendiéndose también a la zona lumbar hasta llegar a la cintura.

Sella esta zona con una cruz equilátera rodeada por un círculo, o con una estrella de cinco puntas.

Dirígete al hígado, y desde allí continúa para incluir estómago, riñones, páncreas, y vesícula biliar. Agradece y bendice a todos ellos por el servicio que te prestan.

Repite el procedimiento anterior intensificando la llama de la vela para que se eleve hasta alcanzar la cavidad torácica.

Céntrate en el corazón. Háblale como si fuera un niño delicado, o una flor.

Aquí usa una llama de color rosa y mira cómo este órgano absorbe cada pizca de amor que derramas en él.

Pronto verás que del corazón surge otra llama. Revestidas por una envoltura diamantina, aparecen tres lenguas de fuego de color rosa, azul y dorado.

Ésta es la sede de tu alma.

Asegúrate de aproximarte a la frecuencia de cada color por separado. Da las gracias a tu corazón y a tu alma por toda tu experiencia humana. Bendice tu corazón y séllalo dentro de una estrella de seis puntas.

Siente la energía de la llama en tu útero, acompañada ahora por la gloriosa luz del corazón, que va elevándose y difundiendo un brillo violeta por todas las partes del cuerpo. Date cuenta de cómo te obedece la luz en cada parte.

Dirígete a los pulmones.

Cuando hayas acabado, los billones de pequeñas cavidades en tus pulmones estarán refulgiendo con todos los colores, como luces de Navidad. Regocíjate ante esta belleza. Bendícelos y séllalos con la cruz dentro del círculo.

Dirígete a las manos, e incluye también los brazos y los hombros.

Visualiza el centro de luz de cada átomo respondiendo a este proceso de limpieza y resplandeciendo con luz blanca.

Las manos, los brazos y los hombros adquieren un color blanco radiante. Dales las gracias por servirte tan bien y coloca el sello en cada palma. (*A no ser que se especifique lo contrario o que se ofrezca otra opción, el sello consiste en la cruz equilátera dentro del círculo.*)

Reza para que todo lo que toques pueda ser aliviado y sanado, y para que quede impregnado con la luz de tu Conciencia.

Tu cuello merece una atención especial. (*Puede que aquí quieras hacer girar tu propio símbolo, o una estrella de nueve puntas, y observar cómo elimina toda acumulación de conceptos y palabras pronunciadas y sin pronunciar.*)

Permite que la llama del corazón continúe elevándose más y más, pasando por la garganta, emanando una irradiación sanadora de color melocotón.

Sella tu garganta. Conságrala al servicio de la Luz: que todas tus palabras sean solo de Verdad y Amor.

Al llegar a la cabeza deberías trabajar en dos niveles: por un lado la cara, y por otro el foco central de inteligencia en el centro de tu cabeza.

Mira tu cara y todas tus facciones. Dales las gracias por servirte y cúbrelas con un finísimo velo de luz de estrellas.

Ahora observa cómo ese velo que cubre tu rostro va alimentando las células con amor. Mira la perfección de tu cara. Reza para que nada perturbe su armonía.

Al sentir el interior de tu cabeza visualiza la materia gris de tu cerebro adquiriendo un tono dorado pálido, sacando toda toxicidad a la superficie para que así pueda ser eliminada.

Permite que la llama del corazón continúe elevándose hasta que encienda otra llama justo en el centro de la cabeza.

Observa esta llama, date cuenta de su diferencia. Está hecha de muchos colores que emanan de la parte superior de tu cabeza y caen sobre tu cuerpo, envolviéndolo con un abrigo diamantino. Agradécele la inteligencia y la conciencia que te brinda.

Sigue la lluvia en forma de cascada de luz multicolor que va cayendo sobre tu cuerpo y bendícela de nuevo, esta vez como una unidad. Siente y mira cómo esta luz va alimentando y acariciando tu piel.

Dirígete a tus pechos, esos símbolos eternos de tu feminidad, y contémplalos saturados de luz. En este caso la energía aparece como espirales que culminan en la punta de cada pezón.

Al respirar, exhala la dulzura natural que es tuya a través de cada pecho y observa el color que emites.

Siente todo tu cuerpo cubierto por un velo de brillantes destellos diamantinos formando una armadura de luz. Siéntete segura, a salvo y, sobre todo, agradecida a la vida por sus regalos de amor. Para una protección aún mayor, cuando vayas a salir al mundo puede que quieras visualizar una armadura de color azul oscuro alrededor de tu cuerpo, como si fuera una segunda piel.

c) El vientre de la vida

Siente tu vacío, la apertura de lo que es tu útero físico, su profundidad insondable, como un abismo invitador, el vórtice de la creación. Ahí se encuentra un cúmulo subconsciente de formas de vida inferiores, semillas de todo tipo del colectivo de la humanidad...

Siente el poder que confiere contener y abrazar vida, mezclar, forjar y crear sustancia. Ofrécete a los constructores de la forma.

Siente tu pureza, tu eterna e inmaculada virginidad, el creativo Espíritu Santo... y la fuerza misma de la vida, ¡la *shakti*!

En tu vientre divino se encuentran todas las improntas y todas las formas. Eres la memoria eternamente generadora de la vida celular y cósmica.

2. Profundidad y Amplitud

La vitalidad o la bio-energía que consumimos en las actividades de cada día es magnetismo bruto y cinético imbuido de fuerza sexual. Se manifiesta como resistencia física, anhelo emocional y un estado mental de una condición peculiar, orientado al exterior. Esto es lo que usamos en nuestras vidas cotidianas y a lo que proporcionamos cualidad.

La energía anímica o espiritual irradia a través de toda la personalidad, cuerpo incluido, pero es mucho más delicada. No se puede expresar a sí misma ni tam-

poco se puede detectar mientras continuemos alimentando y manifestando únicamente los impulsos instintivos más groseros.

Como mujeres nunca perdemos contacto con el inconsciente, y esto en lugar de ser una maldición es una bendición. Cada mes, a través de la menstruación, nos fundimos y comulgamos con las profundidades de la vida. Allí nos curamos, volvemos a hacernos completas y nos cargamos con el magnetismo puro que cualificamos y luego expresamos en el mundo. Incluso no teniendo en cuenta el ciclo lunar, cada mujer desaparece dentro de sí misma en distintos momentos para reconectarse subliminalmente con el vientre de la vida.

Nuestra profundidad y amplitud emocional transmiten al mundo las cualidades de nuestra alma. Si no hemos explorado estas profundidades y no hemos llegado a tener un manejo consciente de ellas, no podemos brindar un vehículo de expresión al alma. Emergemos de las profundidades de la actividad de la vida, igual que el ave fénix surge de las cenizas para elevarse hasta el cielo.

Una vez somos conscientes de la personalidad y la hemos refinado, damos cabida a esos susurros serenos de intuición genuina, y las corrientes sutiles de las cualidades de nuestra alma se hacen más evidentes.

Necesitamos librarnos de las acumulaciones preconceptuales que nos han sido pasadas antes de poder comulgar directamente con la vida.

Tu vientre es una fuente primigenia de sentimiento. En profundidad y amplitud, aloja las texturas inexplicables de la sensación y el juego de la emoción, como olas... núcleos de formas sutiles y sintientes, vórtices concéntricos de movimiento perpetuo que van y vienen a tu alrededor.

Siente en tu propio cuerpo este engendrar puro y distínguelo de la mera radiación sensorial. Es el sentir del sentimiento.

Siéntete como una reserva emocional de todos los sentimientos posibles.

Siéntete como el conjunto de toda esta actividad y también como sus partes: lo uno y lo múltiple.

Mediante tu entramado de sentimientos nota ahora cómo tu cuerpo, tus sentimientos y tu mente perciben esta actividad. Llega a un acuerdo con la fuerza emocional. Date cuenta de cómo funciona, de cómo participas en la manipulación[1] emocional al ser un emisor y también un receptor.

Observa cómo funciona cada sentimiento y cada emoción, y qué es lo que ello significa para el todo. Recorre sus cimas y sus abismos para poder revelar la angustia, la compulsión, las ganas de dar, abrazar, acercar, unir... de liberar, curar y embellecer. Sé consciente de la necesidad de tocar con tus sentimientos.

Ahora suma a esto tu conciencia inteligente, el deseo consciente de que sea bueno: tu cualificación.

Eleva y expande cada sentimiento convirtiéndolo en expresiones de tamaño y pureza cada vez mayores.

Haz esto con todo el manto emocional que te cubre.

Date cuenta del papel que desempeña el pensamiento en este juego. Una vez se haya hecho consciente, comprende para qué se puede usar la manipulación en este juego dinámico... ¡lo fortalecedora que es la vida! Lo que tú puedes *hacer* con todo este sentimiento.

1. Manipulación: algo formado deliberadamente. En este caso la «manipulación» es meramente el manejo de la fuerza y no implica una actividad negativa.

Conoce tus ritmos y la relación que mantienes con los ritmos de la Madre

Permítete saber cuándo abrazar y cómo apoyar, cuándo liberar y cuándo profundizar y multiplicar.

Colabora con los sentimientos que tiene la Madre para *todos* sus hijos por igual.

a) Magnetismo y gracia

Siente lo que tu cuerpo, tu cuerpo femenino, ejerce como magnetismo, como atracción. Es algo que va más allá de la atracción sexual, que llega a la raíz misma de la sexualidad como la esencia de la vitalidad. Está conectado contigo como la manifestación de la matriz de la que surge la sustancia.

Siente esas olas compuestas de toda una gama de deseos que nacen de tu cuerpo.

Ahora compara eso con la gracia que producen tus sentimientos más excelsos para elevar e inspirar. Esto va intrínsecamente unido a la Conciencia, entendida ésta como receptividad hacia la ley superior. Es el quid de tu belleza.

Condiciona esas olas para que compongan un juego completo de deseos superiores emanando de tu alma. Observa el contraste existente entre estos deseos y los deseos no controlados de tu cuerpo.

Date cuenta de cómo una onda te trae energía y otra la irradia hacia el exterior, una toma, la otra da... Una es personal, la otra transcendente.

Sigue este ritmo mientras continúas generando tus deseos más elevados. La energía de tu cuerpo se encuentra ahora *al servicio* del alma y tú te conviertes en un instrumento de la gracia.

Permítete zambullirte libre y profundamente en los recesos más íntimos de tu cúmulo de sentimiento, en la región oscura y húmeda del inconsciente, de la noche, de tu reposo y tu nutrición.

Siente su plenitud y su fuerza...

Ahora emerge de sus profundidades, renovada, conocedora de todos los sentimientos de la vida en todo y en todos. Y da de ti, a través de ti...

Pasa de la sustancia a la esencia, sumergiéndote y elevándote con la plenitud de toda vida.

3. Empoderamiento

Tienes la facultad de empoderar a los otros. Es algo que ocurre automáticamente gracias a tu facultad de sintonización emocional. Cuando lo haces conscientemente, emites una fuerza que permite a la persona mover montañas. Motivas e incentivas las formas de vida para que manifiesten su perfección.

Ésta es una cualidad que posee nuestro cuerpo debido a su polaridad femenina: energizamos las reservas emocionales de aquellos con los que nos relacionamos y proyectamos fortaleza, lo cual intensifica la fuerza sensible que precede a la actividad creativa. Ten cuidado de hacer esto y no agitar en su lugar.

Como actividad que se origina en sí misma, lo que ocurre es algo totalmente distinto. Al igual que el plexo solar, este centro está cargado negativamente en las mujeres. Inspiramos actividad mental de forma emocional, pero somos incapaces de generarla en nosotras mismas. En la tercera dimensión carecemos de la precisión categórica y de la claridad consiguiente.

Usamos la mente concreta junto con la facultad de

sentir. Nuestro estilo particular de duda es la indecisión y la inseguridad, algo que nos va minando casi continuamente.

Ahora veamos qué es lo que podemos hacer a este respecto.

a) Discernimiento y sabiduría

Examina el proceso que sigues normalmente a la hora de decodificar tus sentimientos y de percibir el subconsciente de los demás, en otras palabras, de saber lo que está pasando.

Deberías concentrarte en cómo llegas a la interpretación *correcta.*

Establece la distinción entre lo siguiente: la *mente que piensa,* la *mente que siente* y la *mente que sabe.*

La mente que piensa se refiere a los pensamientos concretos, como podrían ser la lista de la compra o de cosas que hacer.

La mente que siente se basa en la evaluación y el placer, es decir, en las preferencias y aversiones.

La mente que sabe es lo que normalmente denominamos intuición o la voz de la conciencia.

Combina esa mente que sabe con el proceso que sueles usar para decodificar. Mantén la frecuencia intuitiva en suspenso mientras organizas tus pensamientos.

En lugar de dirigirla a alguien o a algo, visualiza una esfera luminosa como un óvalo de brillo diamantino con el borde exterior de azul cristalino.

Cúbrete y rodéate con esta esfera que se extiende a una distancia de unos dos metros del cuerpo.

Ahora respira en este óvalo y, al hacerlo, ve llenándolo de un color blanco como la nieve.

Siéntete a salvo y segura en este manto de luz.

Visualiza ahora una estrella brillante de siete puntas en el plexo solar hecha del mismo material que el óvalo. Observa sus siete puntas.

Siente la influencia equilibrante, armonizadora y purificadora de esta estrella que va absorbiendo tu confusión, trayendo paz, y que luego se disuelve en tu interior.

Permite ahora que tu mente que sabe descubra lo que necesita saber y lo traslade a tus actividades en el mundo ordinario.

Date permiso para explorar todo lo que necesitas saber.

b) Empoderando a la fuente

Observa cómo empoderas a los otros, cómo el otro se hace fuerte a tu lado.

Elige a alguien a quien desees ayudar y establece una conexión silenciosa e intuitiva con esta persona. La conexión debe hacerse a nivel del alma, lo cual significa que no puede haber ningún interés invertido.

Permite que la más exaltada expresión de amor acompañe la frecuencia de la mente que sabe y, al sintonizar con el ser superior de la persona, pide que se cumplan sus deseos más elevados. Haz esto con *apreciación y gratitud.*

Desea a esta persona todo lo mejor, sencilla y fervientemente.

No necesitas saber cómo va a usar esto el ser superior. En este caso basta con que desees a esta persona todo lo mejor.

Este es un ejercicio de paciencia y confianza, de conocimiento y de *mantener esa certeza en una posición fija* a través de tu propia presencia, lo cual permite que la otra persona lo reciba y lo use en una frecuencia dimensional superior.

Con el tiempo llegarás a distinguir las múltiples fuerzas que emanan de la fuente y que pasan por ti para ser usadas para propósitos superiores, y podrás llegar a establecer un vínculo concreto entre saber y tu mente concreta iluminada.

4. El Poder de la Luz

Mientras que en el nivel previo, empoderaste a los otros emocionalmente a través de un tipo de proyección, aquí vas a actuar basándote en tus propias convicciones, con la fuerza de un corazón que está cargado positivamente en la dimensión material. Tuya es la manifestación original de la fidelidad y la confianza como lealtad inquebrantable y determinación de amor.

Este es el espíritu que impulsó a Juana de Arco y que le permitió movilizar a toda Francia. Nada puede impedir el flujo y la capacidad de concreción de la mujer que está impulsada por la certeza del corazón. Su cuerpo la obedece y lo mismo ocurre con el resto de la materia, pues se dirige al núcleo esencial de la vida a través de la mente femenina, la cual, al ser concéntrica, envuelve toda circunstancia. En este sentido quien está al mando es el espíritu de la maternidad sublime porque es uno con aquello a lo que manda. Sabe que sabe.

El sagrado poder espiritual que nos mueve como mujeres usa nuestros vehículos emocionales y mentales para empoderar a otros. También se expresa en la vida física con fortaleza y efectividad como la fuerza del amor del corazón. Aquí reside nuestro poder real en el mundo. Proyectamos amor emocional y mentalmente para que otros puedan encontrarse y convertirse en sí mismos. A nivel físico, la fuerza del amor nos obedece.

Este fenómeno fue la fuente del coraje representado por el arquetipo de la Madre María cuando ésta supo que estaba embarazada. Poseía la fuerza para permanecer sola en la verdad del yo Divino que reside en el interior, enfrentándose a la sociedad con la fortaleza humilde y, sin embargo, inamovible que proviene de la convicción interior. Es el epítome de la incesante actividad de la inteligencia femenina a través del corazón, o Punto de Luz, que reside en el centro de toda creación, la fuente de la divina alquimia.

Es el poder de la Luz. Cuando se está alineado con él, todo lo demás debe inclinarse ante él. La Creación obedece al Creador cuando ha aplicado las fuerzas de la Madre.

a) La divina concepción

En este viaje vas a invocar la colaboración arcangélica. Para llegar a vibrar en una frecuencia en la que puedas alcanzarla, tendrás que evocar la pureza y el desinterés más elevados. Puedes llamar al espíritu de la Madre María y permitir que su presencia y experiencia te acompañen.

Imagínate que te visita un Ser de Luz, como por ejemplo el Arcángel Gabriel. Siente su irradiación de una suavidad sublime. Su ternura es abrumadora.

Observa las calmantes emanaciones que provienen de su presencia y sus colores translúcidos: los amarillos y rosas pálidos dentro del predominio de una efervescencia de color azul celeste.

Deja que esta irradiación sane en profundidad, filtrándose por tus poros hasta que impregne la parte más recóndita de tu cuerpo en el vientre.

Siente que se deposita una semilla, como si fuera la del Niño Dios, una presencia sagrada dentro de ti.

Responde con pensamientos amorosos, de agradecimiento, y permite que tu corazón sea uno con el suyo.

Ahora continúa expandiendo tu corazón, que florece con una nueva certeza: *puede* ser valiente... ¡por Él! ¡Por el niño que representa la Verdad en ti!

Visualiza este niño del corazón como una magnífica rosa de color blanco dorado que brilla con fulgor y transfigura todo tu cuerpo y todo tu ambiente.

Sigue sus movimientos y siente todo tu cuerpo respondiendo con un nuevo impulso.

Ahora obsérvate ejecutando las actividades diarias teniendo la fuerza necesaria para manifestar todas las cosas buenas, hermosas y perfectas que deseas ver en tu mundo.

Regresa a tu vida cotidiana trayendo contigo esta cualidad.

Atrévete a usarla. Permite que el Espíritu Santo te llene y te guíe en todo momento.

5. El Vacío Sagrado de la Fuente

Tú existes en la matriz del espacio, el manto en el que se manifiesta todo. Eres el vacío dentro de toda forma posible. Tu oquedad es precursora de la forma, es el eco silencioso que precede y sigue a la palabra. Es el núcleo de cada estado de Ser y la esencia de tu saber.

Cuando tus acciones se hallan en contacto con este núcleo manifiestas liderazgo real y eres una inspiración. Es en este punto en el que tu ser superior es capaz de concederte su masculinidad como acción inspirada y correcta.

Ésta ya no es la actividad alimentada en el corazón que surge como respuesta para proteger la santidad de la vida, sino que es la creatividad misma, la protección y la nutrición mismas. Es el sello de la genuina responsahabilidad.

Intuimos esta frecuencia en nuestros mundos gracias al sonido y el oído. Es la canción de cuna de una madre y la caricia gorjeante de un hijo. Es el agitar de las alas y el susurro de los ángeles. Podemos sentirla en nuestra respiración y notarla como flashes de inspiración repentina. La sentimos con fuerza en las palabras de otros, ya que nuestro cuerpo responde al tono.

La cualidad de la Conciencia se refleja en la cualidad de nuestra voz; ésta es la razón por la que es tan importante que la voz se ajuste a los sentimientos, que seamos conscientes de sus sonidos y de cómo afectan a los otros, que armonicemos y utilicemos nuestra palabra conscientemente como un instrumento para la paz.

De igual manera, deberíamos ser conscientes de la música que nos gusta e intentar ampliar la gama para incluir mayor variedad. Estudia los efectos de la música primitiva, de la música clásica de diferentes épocas, del jazz, los espirituales, el reggae y todos los estilos pop que surgen continuamente. Explora cada música sin juicio alguno, para poder comprender lo que quiere expresar. Las lenguas, antiguas y modernas, también revelan tipos y niveles específicos de Conciencia.

En última instancia, deberíamos poder recorrer todas las notas con la misma comodidad, como causa y como efecto, tanto los tonos agudos como los graves, y cuando notemos que falta la armonía o que hay una discordancia deberíamos poder establecer un equilibrio gracias a nuestra propia presencia sustentada.

Somos el sonido que surge de la matriz y la matriz entera; el sonido que sana, calma, eleva y alimenta toda vida.

a) Sonido que cualifica

Prueba a decir *gracias* en todas las lenguas que conozcas.

Thank you. Observa el efecto de la punta de la lengua detrás de los dientes en la primera parte. La «k» explosiva seguida de la suavidad del «you».

Gracias. Abre bien la boca y siente las vocales. Recréate en el fuerte sonido de la «g» y vibra la «r». Aguanta la «s» hasta que casi no se oiga.

Merci. Disfruta del sonido de la «m». Siente la profundidad interna de la «r» y pronuncia la sílaba «ci» con delicadeza.

Obrigado. Pon todo tu sentimiento, como en un beso, en la primera parte, «ob». Luego suelta en «ri». Estate presente en «ga» y vuelve a besar en «do».

Danke. Ofrécete al decir «dan» y regresa a tu centro más íntimo al decir «ke».

Ευχαριστώ. Siente la plenitud del movimiento del sonido mientras sale de tu interior, «ef», hace un círculo completo a través de tu cuerpo, «ja-riiii», y finalmente explota como una respiración liberadora de Conciencia, «stó».

Observa los sentimientos y la energía de cada una de estas formas. No hay una que sea mejor que otra, sino que cada una expresa una manera de ser singularmente diferente, igual que hacemos nosotros en nuestra inimitable individualidad.

Ahora observa como hablas comúnmente y practica tipos de entonación diferentes. Sé consciente del poder de la palabra.

Dota a tus palabras de pleno sentimiento para que salgan al mundo y produzcan el efecto que tú deseas. Cada una es una creación diferente.

b) El movimiento del silencio

Emite un sonido, cualquier sonido. Luego otro, y otro más. (*Permite que estos sonidos no tengan ningún sentido, que sean sonidos sin significado.*)

Ahora expande ese sonido y canta. Disfruta haciéndolo.

Mientras cantas... siente los espacios vacíos en tu interior vibrando con la resonancia.

Libérate y canta hermosamente, sintiendo la actividad vibratoria de tus cuerdas vocales mientras su sonido va extendiéndose por zonas nuevas e inexploradas de tu cuerpo que nunca antes habías escuchado.

Siente los sonidos deslizándose, pulsando por todo tu cuerpo y extendiéndose a tu alrededor.

Ahora conviértete en el espacio en el que se desliza y se eleva el sonido.

Eres el pasaje a través del cual fluye todo impulso, la oquedad, el espacio vacío más allá de la forma, el telón de fondo de la creación que une las palabras.

Siéntete como el estado de vacío siempre disponible para todo potencial.

Ríndete a los impulsos... y deja que nazca al movimiento. Esto es acción que nace de la inacción.

Observa qué movimientos son espontáneos y reales y qué movimientos son forzados. (*Más que producir el movimiento, deja que se produzca.*)

Regresa a la fuente rebosante (la totalidad o la no forma) de la que vuelves a surgir a cada momento, refrescada.

Vuelve a cantar.

Canta la melodía del anhelo del silencio para manifestar lo absoluto.

Explora todo esto con tu voz y convierte cada palabra en una canción.

Canta a tus hijos en la Tierra, canta a tus hermanos y hermanas en todas partes, canta a las plantas y a los animales, y observa cómo responden suavemente con su propia canción.

Da a tu voz la cualidad del brillo de la plenitud del amor.

6. La Inmensidad de la Mente

Hemos visto cómo el conocimiento se origina en la mente del absoluto, o Dios, toca la mente superior, y finalmente resuena en la mente concreta y lineal. Gracias a la mente femenina estamos unidas directamente con la sabiduría del absoluto a través de la intuición, a menudo sin el puente intermedio del proceso lineal o abstracto. Aunque esto sea en verdad un regalo, con más frecuencia es una maldición. Queremos saber, ver y medir aquello en lo que, literalmente, estamos inmersos, pero en lugar de hacerlo con precisión ordenada, nuestra mente responde a grandes saltos.

Tenemos la misma facilidad para crear con nuestra mente que para concebir con nuestro cuerpo. Nuestro tercer ojo está cargado positivamente, lo cual significa que proyectamos sin ningún esfuerzo formas de pensamiento[2] *cargadas con sustancia mental,*[3] *y todo esto sin emplear o poner en marcha los mecanismos de deducción y construcción a los que acceden los hombres. Nuestros sentimientos se convierten en pensamientos instantáneamente. Sin vigilancia ni entrenamiento, estos planean a nuestro alrededor en una nube de gran profusión. Sin embargo, con práctica, sirven como anteproyecto para la construcción de un mundo mejor.*

El poder de la verdadera mediumnidad es nuestro. Una vez afinamos nuestra percepción, somos capaces de distinguir lo que pertenece a la expresión física, sutil o espiritual.

Instintivamente percibimos el todo y abrazamos el tiempo. Experimentar el presente como una actividad en cascada y simultánea en distintos niveles es algo natural por la sencilla razón de que no estamos atadas a la realidad lineal. Entendemos el Ser y el no-Ser, la semilla, la flor, y el fruto, todo a la vez. No solamente esto, sino que nuestra naturaleza interior no se rinde ante la fealdad, la violencia, o la derrota. De esta manera, apuntamos a la trascendencia de la realización humana y divina.

a) La mente del mundo

Sintonízate con la mente de la Madre, la mente femenina.

2. Formas pensamiento: imágenes o símbolos construidos con el pensamiento y teñidos con el deseo emocional.

3. Sustancia mental: la sustancia etérica de la mente impresa por la resonancia y la forma de las formas de pensamiento.

Siéntete envuelta por ella.

Usa los sentidos internos para comulgar con ella: mira, siente, toca, huele y saborea esa palpitante presencia silenciosa...

Conviértete en esta totalidad presente en todo, como un *esperar* continuo.

Eres la sacerdotisa de la Madre, pura presencia.

¡Puede suceder cualquier cosa en cualquier momento!

Permanece completamente despierta y prestando total atención.

Eres la esencia más íntima de cada forma.

Siente el ímpetu y los impulsos que van surgiendo. Son la miríada de posibilidades de la forma en gestación.

Refrena tu deseo de hacer algo.

Espera. Observa. Mira. Siente.

Permite que toda esa energía se acumule en ti. Abrázala.

Reza:

«Hay un momento para todo y un tiempo para cada cosa
bajo el cielo:
un tiempo para nacer y un tiempo para morir,
un tiempo para plantar y un tiempo para cosechar;
un tiempo para matar y un tiempo para curar,
un tiempo para demoler y un tiempo para edificar;
un tiempo para llorar y un tiempo para reír,
un tiempo para lamentarse y un tiempo para bailar;
tiempo para esparcir piedras
y un tiempo para recogerlas,
un tiempo para abrazar
un tiempo para abstenerse de abrazar;
un tiempo para buscar

y un tiempo para perder,
un tiempo para guardar y un tiempo para desechar;
un tiempo para rasgar y un tiempo para coser,
tiempo para callar y un tiempo para hablar;
un tiempo para amar y un tiempo para odiar,
un tiempo de guerra y un tiempo de paz.»

Eclesiastés 3: 1-8

Siente estos ciclos de actividad mientras los abrazas a todos ellos en el ahora.

La gran naturaleza reside en tu interior: primavera, verano, otoño e invierno... Vida, muerte... Nacimiento, juventud, madurez, vejez... Ser y no Ser.

El tiempo es una parte de ti no manifestada.

Siente dimensiones probables que existen como aspectos tuyos no expresados.

Permanece serena, imparcial, objetiva...

Date cuenta de los colores que, como una fuente, brotan de tu interior y que adquieren forma y densidad, sonido y resonancia.

Eres la médium divina que conoce, comulga y accede a toda posibilidad.

Eres elevación y trascendencia.

Sé la irradiación dorada que ahora fluye al exterior desde tu divina no forma.

Eres la mente del mundo que se alimenta a sí misma y que se despliega en las texturas de la realidad.

7. Fuente de Luz Cósmica

El alma de la mujer contiene el movimiento que genera luz continuamente. Nuestro vientre es la manifestación exterior de la receptividad pura, y nuestras creaciones, incluyendo la vida humana, son la expresión de la Luz.

Recibimos de los cielos tanto como de la Tierra. Mientras que un hombre nos fecunda con la semilla de la materia física que construirá la forma humana, los cielos lo hacen con el fuego sagrado que representa la Conciencia que vivirá dentro de esa forma.

Somos el medio a través del cual el absoluto canaliza el alimento y la sustancia de Luz que se convierten en su fuente de energía.

En cualquier momento podemos elegir entre identificarnos con la materia o con el espíritu, respondiendo a las leyes de la física o a las leyes de la gracia.

La divinidad se multiplica a través de nosotras como la Madre. El universo se expande en un mar de Conciencia que desvelamos desde nuestro interior. Sabemos cómo producir luz para manifestar, amplificar y acelerar la Vida universal en la vida, la Luz universal en la luz.

Conocemos la experiencia de la paz y la trascendencia de opuestos, somos las cimas y los abismos del éxtasis, somos tanto la plenitud como el vacío. La unidad es nuestra naturaleza.

Nuestro hermano es la expresión del Amor en todos los mundos posibles. Reflejamos su alma y su aliento, y representamos el Amor que lo alimenta. Juntos constituimos la Unidad que es Dios.

a) Plenitud más allá del vacío

Permítete fundirte con el gran silencio que inunda la presencia de la Luz.

Mezcla en tu interior todos los colores, todas las diferencias.

Ahora expándete hasta el infinito y el no tiempo, llenando el universo con tu presencia.

Siente la plenitud que es tu derecho de nacimiento.

Beatitud.

Completa e íntegra ahora.

Sé.

b) Canal divino

Siente la presencia del Padre llamándote en la insondable eternidad del universo cósmico.

Sintonízate con Su sonido, Su frecuencia.

Lo anuncian legiones de ángeles y muchas formas de luz diferentes. Míralas a todas y llénate con cada una de ellas mientras te van rodeando.

Permanece muy, muy quieta.

A medida que Él se va acercando a ti, tu forma sensible se vuelve cada vez más transparente y maleable... hasta que toda tú eres luz y Le das la bienvenida en ti.

No existe nada más, solo pura luminosidad y un océano rumoroso de partículas de luz.

Ahora transfiere todo esto a tu cuerpo físico y siente como si Su mano se posara sobre tu cabeza.

Su toque libera ríos de luz diamantina que corren por tu interior.

Sé ese río fluyente de luz cósmica.

Observa cómo alimenta la Tierra a través de ti, sus montañas, sus valles, sus aguas.

Alimenta a los niños, las plantas y los animales, a todas las criaturas de Dios.

¡Alimenta toda la vida!

Permanece en este estado de gracia tanto tiempo

como quieras, entregándote al Padre y asumiendo el papel de Madre.

Al regresar, observa cómo la luz diamantina adquiere mayor volumen y densidad, convirtiéndose en un elixir perlado.

Conviértete en un cáliz rebosante de este burbujeante y brillante néctar de inmortalidad.

Siente cómo esta dulce cascada desciende sobre tu forma humana, saturándola y saliendo al exterior a través de las manos y los pies.

Bendice tus pies y tus manos, y conságralos al servicio de la Luz.

Comprométete ahora y declara que vas a llevar alivio, esperanza y renovación a todo lo que entre en contacto con tus manos o con tus pies.

c) El Dios interior

Observa tu forma física desde una distancia de unos tres metros. Es toda blanca, y está compuesta de billones y billones de pequeños soles, pequeños puntos de luz.

Ahora observa un cuerpo mayor que es una réplica del primero surgiendo de él. También está hecho de luz, pero es más diáfano.

Observa un tercer cuerpo ahora. Es más grande que el segundo, al que envuelve, y está hecho de una cualidad de luz aún más radiante.

Mira los tres cuerpos superponiéndose uno al otro, mezclándose y armonizándose... el mayor dando al intermedio, el más pequeño recibiendo de los dos.

Ahora visualiza un rayo de luz descendiendo desde lo más alto y bañando estos cuerpos. Es de un blanco muy, muy brillante.

Al entrar en contacto con la base de los cuerpos se enciende en una llama. ¡Del interior de esta llama nacen tres lenguas de fuego!

El conjunto se asemeja a una joya de cristal con hilos rosas, azules y dorados que se concentran en la parte del centro, alrededor de tu corazón.

Las tres llamas se funden, se combinan, y despiden tonos verdes, naranjas, púrpuras, muy, muy vivos, con una enorme y explosiva alegría.

La actividad se intensifica como si se tratara de fuegos artificiales que pulsan llenos de vida y brillan en todas las direcciones.

Y... continúa... continúa...

Ahora, observa tus cuerpos de nuevo y, de uno en uno, observa dónde se encuentra el foco del fuego sagrado en cada uno de ellos.

El cuerpo mayor tiene su foco en la cabeza. Mira cómo alimenta el tercer ojo y cómo de él salen siete llamas que forman una corona y siembran inteligencia.

Para poder percibir el segundo cuerpo debes disminuir tus vibraciones ligeramente.

Su centro está en la región del corazón. Mira cómo brilla, crece y se expande, creando hermosas esferas como pompas de jabón de tonos irisados, y despertando amor.

Y ahora, sintonizando con una frecuencia más baja, observa tu cuerpo físico. El núcleo del fuego sagrado se encuentra en la región del plexo solar.

Mira cómo llena tus órganos de vitalidad dotándolos de una salud perfecta. Observa su efecto relampagueante mientras fluye y pulsa a través de tu cuerpo, liberando también un fulgor en la piel, ¡llenándote de vida!

Vuelve a mirar esos tres cuerpos y atráelos hacia ti,

dejando que se disuelvan en el cuerpo de materia física que vistes.

Vuelve a sentir tu cuerpo, siente cada depósito de Luz.

Eres la guardiana del fuego sagrado, eterna virgen vestal... hija del Amor, Madre de la Vida.

Entonces como ahora...

Nuestra auténtica individualidad es definida e indefinible, al igual que nuestro ser real. Es una cualidad que se manifiesta en nuestras expresiones en la vida, personalidad incluida. Es irrevocablemente única dentro de toda una gama de posibilidades, adquiriendo forma dentro de las expresiones arquetípicas de las esferas superiores y fluyendo a través de las características personales.

Lo que realmente somos es algo que nunca se puede llegar a expresar o entender por completo en nuestra forma tridimensional: somos lo que siempre hemos sido, pura Conciencia. Sin embargo, lo que aparentamos ser y la forma en que expresamos el cuerpo que vestimos es algo que sí puede ser visto, formado y definido. La personalidad es algo distinto, temporal, concreto y maleable.

Por tanto, la personalidad es el vehículo del espíritu. O bien bloquea su expresión y causa dolor y sufrimiento, o bien se agranda para revelar el milagro que encierra.

La Mujer Sabia

La sabia antigua: su edad va más allá del tiempo, lo sabe todo, lo ha visto todo, lo ha hecho todo, ha tenido todo, ha hecho las paces con la humanidad, ha hecho las paces con la Tierra, está lista para presentarse ante el Creador con la totalidad de una vida vivida plenamente. Puede esperar eternamente, o puede irse mañana...

Evoca el arquetipo y entra en él.

Siente tu cuerpo.

Conoce tus sentimientos.

Reconoce tus pensamientos y tu experiencia que lo incluye todo.

Contempla a tus hijos, nietos, bisnietos.

Mira a tu alrededor y observa la Tierra.

Con imparcialidad y amabilidad piensa en las estaciones, todo y el todo: la semilla, el fruto, la flor. Tú sabes. Y sabes que sabes.

Reúne el fruto de tu experiencia.

Recuerda los juegos a los que jugaste, la oscuridad de la desesperación, las alegrías, las victorias, todas las mentiras, pequeñas y grandes, que te contaste cuando eras joven y querías creerlas.

Recuerda las esperanzas, los sueños... y observa cómo, de alguna manera extraña, ¡muchos de ellos se han hecho realidad! Incluso más de lo que jamás soñaste.

La perfección. Vuelve a mirar a tu alrededor y observa a los jóvenes. Sonríe ante su locura, y acuérdate de la tuya.

Mira la presunción e incluso tal vez las manipulaciones de los adultos que dirigen el mundo..., mira los secretos, sus secretos. ¡Como si pudieran esconderte algo! Y sonríes pues sabes que, con el tiempo, ellos también sabrán.

Escucha las quejas de los ancianos, con sus cuerpos frágiles y sus sueños no vividos. Oye el llanto de los enfermos y los rebeldes que abusaron de sus cuerpos y negaron a la Madre.

Abraza todo en tu interior.

Y mira ante ti.

Ahora date permiso para hablar de ese amor y sabiduría que ha sido tu vida... habla a los niños, a los jóvenes, a los padres y adultos, a los mayores y los enfermos.

Comparte con todos y cada uno de ellos como solo tú puedes hacer, desde la plenitud de ti misma.

Y ahora... ahora siente la gratitud de la Tierra.

Entonces la Madre te llama de vuelta a su eternidad. Siente a la Madre rodeándote y envolviéndote en Su noche suave y agradecida para llevarte de vuelta a casa, con dulzura y reverencia.

Descansa ahora en el regazo del todo absoluto Madre-Padre.

Como en el Principio: una Oración-Meditación para el Entendimiento en el Mundo

En este último ejercicio vas a poner en práctica todo lo que has aprendido. Prepárate, delineando con cuidado cada detalle, cada forma y secuencia. Puedes usar como ayuda un globo de la Tierra luminoso y elegir la música que más te inspire. Asegúrate de que evoque tanto las cimas como los abismos del sentimiento humano, la amplitud y el éxtasis de la Luz en todas sus expresiones. Necesitarás aplicar las dos facultades de la mente, la masculina y la femenina.

Alinéate y céntrate. Entra profundamente dentro de la Tierra y mantén tu conciencia en unidad con el planeta.

Eleva ahora tu conciencia conectando el peso y el volumen de tu cuerpo como Tierra, con el centro del corazón como Amor.

Sé este Amor para con todo, y condiciónalo de tal manera que continúe por sí mismo mientras colocas tu pensamiento lineal en otro lugar.

Invoca la lluvia de gracia divina, la plenitud de la mente o el descenso del fuego sagrado. Puedes hacer esto recitando una oración o pronunciando un decreto.

Ilumina el pensamiento con sentimiento y sensación.

Mantente así, en perfecto silencio y serenidad, sin ningún deseo.

Condiciónalo para que continúe irradiando por sí solo como plenitud y alegría.

Ahora califica esta plenitud con entendimiento. Dirige tu intención, como una oración, para que haya comprensión y aceptación de la verdad en los corazones y las mentes de todo el mundo.

Desea fervientemente que todo se ilumine y, al hacer eso, comprende las causas de la enfermedad, del sufrimiento, del caos general y la violencia desatada sobre el mundo. Al hacerlo, ten cuidado de no dejar que interfiera ningún sentimiento de odio, culpa, miedo o pena. Sustenta la esperanza que inspira un nuevo tipo de actividad y que le abre camino. Toma tu tiempo para establecer y luego sustentar todo esto.

Mantén la frecuencia irradiadora de puro amor y alegría, y la conciencia de comprensión que acabas de crear y que deseas inspirar.

Imagina concretamente *cómo* van a despertar las personas y van a comprender la forma en que han atraído estas condiciones, cómo todos estamos ineludiblemente vinculados a la unidad planetaria, a la raza humana. Nadie puede ascender o caer sin llevar a los demás consigo. Reza para que se den cuenta de la futilidad de la venganza, la posesividad y la separación.

Deséalo con tanta fuerza que realmente puedas sentir tu corazón abrazando y conteniendo a todo el mundo en este estado de entendimiento amoroso y sensible.

Permite que tu corazón sienta la pesadez de todo lo que no es ese amor. Deja que se «rompa», sintiendo el dolor de esta condición.

Vuelve a pasar de tener el corazón roto a un estado de plenitud. Conviértete en un agente que transmuta todo aquello que no sea la pureza y la perfección originales. Puedes repetir este paso tantas veces como consideres necesario.

Evoca unidad, respeto, hermandad, deseo de trabajar y colaborar, animando, visualizando y sintiendo cada actividad como algo que sucede en tu interior.

De hecho, mira todas estas sucediendo en el planeta, y observa a la gente recibiéndolas y actuando en consonancia.

Visualiza la sanación de la humanidad.

Sé testigo de la curación de las enfermedades, la sanación de niños y adolescentes, y el cuidado a los mayores.

Ahora da un salto al futuro e imagina un mundo en el que reinan la comprensión y la paz.

Piensa en los hombres, en las mujeres y en los niños del futuro. Imagínate su forma de pensar y de sentir. Siéntelo dentro de ti.

Crea un patrón para ese futuro *ahora.*

Permítete conocer el plan de Dios: la perfección original es y será en los reinos de la Verdad y la Luz.

Gloria a Dios en las Alturas y en la Tierra... Paz.

MADRE

Trabajas en la
oscuridad
y en silencio.

Tus lecciones más
profundas se producen
en cámaras internas
donde nadie entra.

Y nadie conoce sino
tú... la Luz que crece
en mi interior.

Nadie lo sabe.

Yo Soy Eso.

HIJA

¡Ángel de mi Luz!
¡Precioso perfume
del Amor satisfecho!

Tu devenir emana la fragancia
de la Realización: como
Mujer, como Amor, como
Espíritu inmaculado.

Encarnación de Ideales.
Aliento de la divinidad.
Inspiración.
Alas de Luz de Estrellas.

La paloma de la Paz Final
vuela libre sobre los pétalos
de tu florecer.

Yo Soy Eso.

En un mundo mejor las mujeres y los hombres trabajarán juntos para evocar, construir y preservar su armonía. La armonía significa paz. Nos encontramos en armonía cuando reconocemos, aceptamos y transmitimos la Fuente, cuando la encarnamos completamente en nuestros cuerpos físico, mental y emocional. Solo entonces merecemos alcanzar la armonía con otro y con el mundo, y solo entonces obtenemos el derecho y todos los poderes para crearla.

Nos hemos hecho adultos y hemos dejado de hablar de compromiso solamente entre dos personas, pues el matrimonio divino atañe a todo, habla del gran

Tao entre el cielo y la tierra, y ocurre también dentro de nosotras, las mujeres.

Nuestro es el poder para curar a la humanidad del odio y la desesperación. La reverencia que sentimos hacia la fuente de nuestro propio Ser como mujeres nos lleva a usar con sabiduría esta expresión tan valiosa. Solo al trascender la corruptibilidad en nuestro interior podemos asegurar la continuidad y la elevación de la raza humana.

Las mujeres somos la sangre de la vida, esa corriente que fluye por las venas de la vida en todo como nacimiento, muerte y resurrección. Apenas podemos pedir para que cada día seamos más dignas de recibir y sustentar esas frecuencias de pura generación en nuestro interior, frecuencias que transmiten y multiplican la Luz en la Tierra.

Al absorber y emitir la Luz divina imperamos sobre la oscuridad y el firmamento. Al igual que la diosa egipcia Nut, ofrecemos nuestros cuerpos como un manto para la noche, para que las estrellas puedan mostrarse sobre su oscura suavidad aterciopelada. Somos la oscuridad eternamente fértil que contiene la Luz. Devolvemos el equilibrio a la naturaleza mediante la encarnación del principio de la bendición sostenida. Damos nacimiento al futuro, trayendo el mensaje de esperanza y renovación.

APÉNDICE

La Inspiración

Cuando comencé a escribir este libro, tras la familiar Dama Dorada de mi infancia, apareció María, la Madre de Jesús. Ella fue el primer arquetipo de una deidad femenina que concibió mi mente, hace ya tanto tiempo, y su imagen era tan vívida en ese momento como cincuenta años atrás. Fue a ella a quien se dirigieron la niña, la adolescente, la joven, la madre, la maestra y la anciana hechicera dentro de mí: «¿Qué *es* la Mujer?».

Al principio la Madre María no habló. Parecía trabajar en mí de una forma persuasiva creando una persistente expectación. Parecía decirme: «Pregúntale a María Magdalena. Ella sabe».

¡La Magdalena! Era alguien que me había asustado. A aquella edad, en aquel lugar y en aquel momento en el tiempo, no era el tipo de madre que buscaría una niña pequeña. Pero ahora ya era mayor y resultaba demasiado evidente en mí como para pretender negarla.

Y entonces cada una de ellas fue levantando lentamente el velo tras el que las había mantenido.

Aspectos Duales de la Madre

Gracia Virginal

Al principio lo que hay es un campo de energía, y luego una forma humana va apareciendo lentamente...

Se presenta como la suave presencia de la mañana tras una noche negra como el azabache. Antes de darte cuenta te vas llenando de una alegre profundidad que parece surgir del interior; se siente como emoción pero es la plenitud misma, es la presencia del Amor. Su presencia disipa el miedo y ocupa su lugar.

A menos que tu corazón se haya agrandado por haber llevado una vida básicamente íntegra, puede que su energía te resulte dolorosa pues tu corazón se expande para hacerle sitio. Para que ella pueda llegar a ti debe resonar como la totalidad en los rincones más profundos de tu ser, esas regiones que se encuentran más allá de la desesperación y la impotencia que experimenta el corazón mientras aprende a amar.

Su voz es todas las voces y todos los sonidos, la esencia de cada palabra... porque es la presencia de la inteligencia del Amor. Atraviesa cada cualificación con la fuerza de ese silencio que habla de todo lo que se puede decir porque conoce el final, el final de todas las lecciones de vida.

Permanece serena y suave, y va adquiriendo mayor definición paulatinamente. Su mirada se agudiza de inmediato transformándose en una mirada de profundidad y pureza cristalinas. No hay mentira, pretensión ni ilusión que pueda resistir esos ojos. Alta y fuerte, nada en ella es frágil o inconsistente. No existe acto, tarea o actividad que no sea digno de ella.

Los movimientos de su cuerpo y de su mente son pausados y firmes. La concentración y la precisión se mezclan con una percepción sensible y completa: lo ve todo, lo sabe todo y tiene un sentido de la oportunidad perfecto. Como María, tenía la facultad de tomar las cosas de una en una y ayudarnos a llevar a cabo las tareas más complejas con sistemática perfección, nunca ausente, nunca tarde. La postura de María, como ella era en los tiempos de Jesús, es a la vez noble y humilde, casi invisible y también absolutamente próxima.

Siempre dispuesta a abrazarnos y consolarnos, nos engatusa con su sentido del humor y así, bromeando, nos hace vernos con mayor claridad. No se deja manipular ni por el engaño ni por la pretensión y espera que estos se desvanezcan para, en el momento oportuno, acercarse, hablarnos o tocarnos.

Como María, fue entrenada en toda práctica esotérica imaginable, pero también trajo consigo el conocimiento innato de la irradiación arcangélica para pasarlo a la forma humana. A diferencia del anterior ciclo egipcio de austeridad en el enfoque, María aunaba disciplina y profundidad de percepción suavizadas por la flexibilidad de la naturaleza humana sensible. Anclada en la divinidad, su humanidad era también espontánea y natural.

Nunca lloró, ni si quiera a los pies de la cruz, o no lo hizo de la forma en que nosotros lloramos. Sin embargo, en la vida diaria sus ojos se llenaban de lágrimas a menudo, sintiendo por todo el mundo y sabiendo... sabiendo más allá del dolor. Suya es la gracia sustentadora que dio apoyo a Jesús durante el desgarrador suplicio de la cruz y la que Lo acompañó en los planos internos. Fue para esto para lo que nació. Y mucho tiempo después poseía la postura y las llaves del acceso inmediato a los reinos que había alcanzado su hijo, moviéndose con facilidad en las dimensiones del Ser y el tiempo, y enseñando y transmitiendo esto a quienes la rodeaban.

Fue ella la que albergó a María de Magdala, la que la abrazó física y espiritualmente, quien la bautizó, y preparó para los usos de la mujer en los tiempos venideros. Mientras que la Magdalena tenía la experiencia física del mundo, la Madre María tenía las correspondencias emocionales y psíquicas que unían lo humano con lo divino. Bien fuera sola, con un discípulo o en compañía de la hija de su corazón, viajó extensamente por el mundo conocido de aquellos tiempos, sembrando físicamente en lugares y en personas aquello que luego germinaría en el ciclo que vendría a continuación.

Hoy habla a cada corazón humano que la llama, infundiéndole paciencia, fortaleza y esperanza. Es la Madre como Durga, Lakshmi y Parvati, la Madre que escucha y ama incondicionalmente, envolviéndonos con una suavidad devastadora en un manto de efervescente luz irisada. Estos colores son el florecimiento de las semillas que ella planta, que se abren y emanan el perfume de la miríada de expresiones de la humanidad madura. Nos encontramos en su aura de absoluto y eterno Estado de Ser como Madre... para toda la eternidad.

Me dirijo a María Magdalena, el enigmático personaje de la primera Cristiandad, la figura central para los pecadores y también para los santos, curtida por las fatigas de la experiencia humana y la naturaleza, y le pido que se revele. Ella permea el campo de mi percepción con su fortaleza y su ternura. Hay una timidez en la fuerza que ahora intuyo...

En la periferia los colores son fuertes y vitales, con suaves tonos pasteles emanando del centro y también en los bordes exteriores del campo de energía. Inmediatamente sientes una sensación punzante en el corazón, casi una irritación pero es más como resolución, una determinación para existir, manifestar, ser y dar... pero, extrañamente, esta surge de una oquedad en el centro, una experiencia del vacío abrumadora que lo impregna todo. Suyo es el coraje de un corazón roto que aprende a vivir.

Su voz es melodiosa. Olas profundas y resonantes parecen acariciar el pelo y la piel... Es una sensualidad tierna y nutritiva, pero también puede ser provocadora y arrasadora. Al igual que Shakti y todas sus expresiones, Kali incluida, sabe cómo aliviar y acabar con toda aspereza, o cómo ponerla bajo las alas del amor, para despertar y revelar. Sus acciones hablan tan claro como sus palabras, muchas veces punzantes y directas, con una franqueza directa que asusta hasta a los más fuertes, y es una aliada infatigable de las mujeres a las que enseña y lleva guiando desde tiempos inmemoriales.

María Magdalena resulta extraordinariamente hermosa, bien educada y encantadora en cualquier círculo. Algunos dicen que era una cortesana, otros que era una sacerdotisa de las viejas enseñanzas, pero también que tenía una negocio de confección de dulces. Ama a los niños y les prepara caramelos y hace feliz a la gente. La vemos ante Jesús cuando él la tocó por primera vez y reveló con ese toque las experiencias previas en escuelas esotéricas. Se abren los pasajes multidimensionales y no solo comprende quién es el que la ha tocado sino que también abraza la perfección de las circunstancias de su vida, sus relaciones y conducta que la llevan a ese momento crucial en el tiempo. Y luego la vemos bailando y riendo en las bodas de Caná, radiante y feliz con Jesús. En este punto personifica el mayor amor que cualquier mujer pueda experimentar.

Al verla caminar en el mercado, a menudo junto a la bendita Madre, podemos admirar sus ligeros y gráciles movimientos. Es rápida de paso y de ingenio, y se escabulle discretamente cuando no quiere que la encuentren. Hoy en día se diría que tenía doble personalidad pues también había en ella una melancolía, vital e intensa, e incorporaba la tristeza y la oscuridad del reino de Perséfone. Se la ve en todas partes junto con Jesús y María como la hermana-discípula y la hija-aprendiz, y como guía de las mujeres. Ella fundaría el primer convento en la antigua Antioquia.

Tal como la veo ahora, rasgos luminosos y refinados, ojos brillantes como las profundidades de un antiguo río, alta, con el pelo movido por el viento, se yergue desafiante y vulnerable a la vez, con una profunda tristeza en la mirada. Hombres y mujeres se sienten atraídos por su sabiduría y apasionada intensidad, queriendo ser tocados y enseñados por ella, buscando su protección, su humana calidez y comprensión palpable. La Magdalena conoce a las personas psicológica y energéticamente, conoce el arte de fundir y mezclar, siente el dolor de las personas, comparte sus sueños y también indaga en sus miedos con ellos... tanto es así que a menudo los hace suyos. Parece absorberlos y convertirse en ellos, para luego transmutarlos en y a través de sí misma.

Ama profundamente, con todas las facultades humanas y la naturaleza espiritual unidas en una intensidad cumbre. No tiene miedo de demostrar su amor y afecto por hombres, mujeres y niños, y es la mujer por excelencia. Se rebela contra la categorización, la estandarización y la masculinización, contra la injusticia y la distorsión, con la ferocidad de su lealtad a la verdad.

A los pies de la cruz, la amante-hermana-madre-amiga no es sino demasiado humana, y es allí donde comete el error que toda mujer tiende a cometer. Al sentirse impotente y demasiado implicada en la experiencia humana que la rodea, la adepta se aparta de la gracia superior para identificarse con la condición humana prevaleciente. Encarna los excesos indulgentes de la mujer emocional. En ese momento, el sello de su corazón roto, la «Herida de la Magdalena», deja una huella no solo en el corazón de las mujeres bajo su cuidado, sino también en la impotencia existencial femenina.

Ahora se puede leer lo que no aparece escrito en ningún lugar pero que ha dejado una huella indeleble en nuestros corazones de mujer. Junto con la promesa de un futuro alegre en la resurrección, la memoria racial de la Herida de la Magdalena revela la sombra de la derrota. Pero la cruz del sufrimiento y la oscuridad que durante tanto tiempo se ha proyectado sobre ella está desapareciendo. Durante los numerosos viajes que realizó en su tiempo, plantó semillas en los corazones y las mentes de sus seguidores, semillas que están dando su fruto hoy. Es por esto por lo que ahora regresa, llamando a las mujeres en todas partes para transformar la fuerza emocional en el poder de la Conciencia.

Eres seducida por la fuerza de ese amor para levantarte y ser tú misma.

La Mujer del Futuro

La gracia de María y la intensidad apasionada de la Magdalena, la fuerza espiritual de la Madre María y el manejo consciente de energía en el mundo físico de María Magdalena, este es el tema de este libro. La Bendita Madre fue elegida por su presencia y su pureza inquebrantable. La Magdalena, que era una sacerdotisa y una maestra, la encarnación de la alquimia divina, fue elegida por su capacidad para saber, sentir y abrazar a la humanidad. Representa el tipo y la intensidad apropiada de energía en el preciso momento de la transmisión divina que produce un salto de conciencia. No necesitamos vivir la vida como ella la vivió, pero tenemos que vivirla tan plena y profundamente como nuestras propias circunstancias de vida nos exijan de manera natural. Y luego tenemos que aprender a sustentar la plenitud y la experiencia de la vida en su totalidad.

El legado energético de María Magdalena como arquetipo incluye la sabiduría y la presencia de la Bendita Madre, que fue su maestra y su influencia. Ella es el vehículo divino para la purificación del subconsciente, el ejemplo y aplicación del Amor en el mundo. Como uno de los primeros líderes del cristianismo solo podemos imaginar lo mucho que debió luchar para poder prevalecer sobre la dominación de la mente masculina...

cuán desesperadamente debió tratar de elevar la concepción que las mujeres tenían de sí mismas, así como la imagen de la mujer en el mundo, y con cuánta impetuosidad trató de instaurar la primacía de la compasión sobre el instinto. La suya fue una batalla que nosotras, como mujeres inteligentes, todavía estamos luchando.

Solo la experiencia construye Conciencia, pues esta se crea mediante la fusión de sustancia de Luz y materia física. La dinámica implicada en la transformación de la conciencia humana, que es nuestra tarea en este ciclo, supone el uso consciente de aquello que ya somos y hacemos. Nuestro papel como mujeres es generar una cualidad de sustancia energética lo suficientemente elevada como para potenciar la calidad de la vida en todas partes.

Toda mujer que se abrace espiritual y energéticamente sabe que el verdadero arte de amar, incluyendo hacer el amor, reside en la calidad de la emisión emocional. Para ser efectivas tenemos que transmitir calidez y cariño, y para poder conseguirlo realmente, debemos sentir esta calidez genuinamente, rodear y contener energéticamente a nuestro ser amado y a todas y cada una de nuestras creaciones. No existe técnica alguna que pueda reemplazar esto. Cuando sucede, transmitimos gracia e inspiración sanadoras y nos convertimos en la emanación del Amor. Aquí reside nuestro formidable poder para nutrir e influenciar el mundo.

Como herederas de la sabiduría de la Madre, las mujeres debemos desarrollar las siguientes capacidades:

1. Contener y sustentar intensidades elevadas mediante la experiencia completa del Amor en acción.
2. Comprender y utilizar la inteligencia como razón para dar una nueva cualidad a la energía emocional,

y convertirla en expresiones superiores como el perdón y la virtud.

3. Guiar y enseñar a los otros mediante el ejemplo y la orientación, lo cual incluye la percepción y el manejo consciente de energía.

4. Alinearnos con Aquello que Es la esencia del Amor, como transmisoras de la fuerza Crística.

Descubrimos la humanidad perdida de las mujeres al buscar a la Madre sublime como mujer realizada, la Bendita de «Pistis Sofia»..., la que Jesús eligió para llevar al mundo el mensaje de esperanza y resurrección. Encontramos a la que tiene las llaves de la sabiduría y la gracia, la inteligencia y el Amor: la mujer real y eterna en cada mujer.

La Magdalena es la personificación de todos nuestros atributos, tanto los que limitan como los que irradian. Como mujeres llevamos su dolor y su alegría. Hemos sufrido su humillación y nos hemos enfrentado a la incomprensión de la humanidad. Hemos sufrido la degradación del sentimiento y la intuición convertidos en emocionalidad ordinaria y no en inteligencia del corazón. También hemos amado como ella amó: se podría decir que demasiado. Ella es todas las mujeres, no solo la que llora, la que pena, la que ama todo lo sublime y profundamente que es posible, sino también esa otra de la que no se escucha hablar lo suficiente, la que piensa con profundidad, la que comprende la verdad y la naturaleza humana, la que posee la inteligencia trascendente e inspiradora de la mujer realizada, la que se deleita haciendo felices a los demás.

Este es su tiempo. Este es tu tiempo.

Acerca de la Autora

ZULMA REYO nació en Manhattan, hija de padres puertorriqueños. Viajó con sus padres por toda Latinoamérica y cursó sus estudios en Puerto Rico, Nueva York y Nueva Jersey. Se licenció en Lengua y Literatura Románicas en la NYU de Washington Square, especializándose en francés y obteniendo posteriormente un Máster en Educación.

Debido a sus viajes y a la diversidad de relaciones que han marcado su vida, se podría decir que lo que mejor la distingue es una profunda comprensión de los matices de los climas emocionales y la naturaleza subyacente de las personas. En sus entrevistas habla de su vida como de una «salsa», un baile repleto de dramáticos altibajos y modalidades de baile.

Sus estudios de postgrado la llevaron a abrazar la psicología y el asesoramiento a finales de los sesenta, mientras realizaba prácticas con quien ella denomina su «verdadero» maestro: Arthur Janov, autor de *El Grito Primal*. Él dio sentido a su ya curiosa y sensible naturaleza mediante una frase atribuida a su propia metodología: «¡siéntelo!». «¡Sentirlo!» ha modelado tanto su vida como su trabajo, pues ayuda a las personas a sentir con todo su cuerpo, con su mente y su espíritu, llevándolas a un punto de ruptura, comprensión y conexión con su Ser más íntimo.

Como muchas otras personas, ha ido entretejiendo su experiencia con distintas personas, lugares, maestros y enseñanzas, incluyendo Lucis Trust y el White Lodge College of Psychic Science, un periodo prolongado de contacto con un gurú indio y una estancia en la sede central en Chicago del «I AM». Su formación incluye técnicas corporales y de curación, gestalt, psicosíntesis, renacimiento y rescate espiritual. Partiendo de la premisa de que todas las prácticas deben originarse en la dinámica básica que gobierna la expresión humana, utiliza técnicas y prácticas como herramientas al servicio de su propio tipo de trabajo, denominado «Alquimia Interior».

Tras muchos años viajando por todo el mundo, en la actualidad reside en Palma de Mallorca, España, donde ofrece formaciones, sesiones de trabajo individual y desde donde se desplaza para ofrecer conferencias por todo el mundo.

Agradecimientos

No habría podido hacer muchas de las cosas que he hecho en este mundo sin el apoyo, la agudeza, el sentido común, la lealtad sin reservas y la honestidad de mi amiga Dolores Mihanovich. En este caso en particular me ha servido de inspiración, me ha ofrecido sabios consejos y es una prueba de lo que una mujer puede ser, no solo porque se lo propone sino porque ya es aquello en lo que se puede transformar: la expresión multifacética de la Gran Madre.

Quiero ofrecer mi agradecimiento también a las estudiantes brasileñas que durante años se reunieron semanalmente para vivir este material en grupos de estudio, y a mis estudiantes de España que honran el Principio Femenino divino en su interior y en todas partes.

Mi sincera gratitud por el cuidado, cariño e impecabilidad con que Camino Revilla ha realizado esta traducción que ha dado vida a mis palabras, manteniendo la fidelidad y el espíritu de mi mensaje.

Mi sincero reconocimiento a mi agente literaria, Marta Sevilla, mujer emprendedora, cuyo dinamismo y sensibilidad abrieron las puertas a la publicación de este libro.